**기독교문서선교회** (Christian Literature Center: 약칭 CLC)는 1941년 영국 콜체스터에서 켄 아담스에 의해 시작되었으며 국제 본부는 미국 필라델피아에 있습니다. 국제 CLC는 약 650여 명의 선교사들이 59개 나라에서 180개의 서점을 운영하며 이동 도서 차량 40대를 이용하여 문서 보급에 힘쓰고 있으며 이메일 주문을 통해 130여 국으로 책을 공급하고 있는 국제적 문서선교 기관입니다.

창조신학 관점으로 본 요나서

The Book of Jonah from a Creation Theological Perspective
Written by Lee Heungsoo
All rights reserved.
Korean Edition Copyright ⓒ 2025 by Christian Literature Center, Seoul, Korea

창조신학 관점으로 본 요나서

2025년 08월 29일 초판 발행

지 은 이 | 이홍수

편　　집 | 조수연
디 자 인 | 소신애
펴 낸 곳 | (사)기독교문서선교회
등　　록 | 제16-25호(1980. 1. 18.)
주　　소 | 서울특별시 동대문구 천호대로71길 39
전　　화 | 02-586-8761~3(본사) 031-942-8761(영업부)
팩　　스 | 02-523-0131(본사) 031-942-8763(영업부)
이 메 일 | clckor@gmail.com
홈페이지 | www.clcbook.com
송금계좌 | 기업은행 073-000308-04-020 (사)기독교문서선교회
일련번호 | 2025-63

ISBN 978-89-341-2849-6(93230)

이 책의 출판권은 (사)기독교문서선교회가 소유합니다.
신저작권법에 의하여 한국 내에서 보호받는 저작물이므로 무단 전재와 무단 복제를 금합니다.

신학박사 논문 시리즈 ⑨⓪

창조신학 관점으로 본
요나서

이홍수 지음

CLC

목차

저자 서문   6

제1장 서론   8

1. 문제 제기   9
2. 연구 목적과 논지   11
3. 연구 방법   13
4. 연구 범위   16
5. 선행 연구   17

제2장 요나서의 문학과 배경   24

1. 요나서의 저작 연대   25
2. 요나서의 장르   29
3. 예언 문학으로서 요나서의 특징   37
4. 요나서에 반영된 역사적 상황   44
5. 요나서의 문학적 구조   51
6. 요나서의 주요 내용   61

제3장 요나서에 나타난 창조신학　　77

1. 신명에 나타난 창조신학적 보편주의　　79
2. 선원들의 자연 이해　　101
3. 큰 물고기 사건에 반영된 창조신학적 언어와 사상　　107
4. 니느웨 사람들의 보편주의적 신앙　　120
5. 창조주 하나님의 선하신 본성　　125

제4장 요나서에 나타난 종교와 문화의 보편성　　140

1. 항해 이야기에 나타난 종교와 문화　　142
2. 예언에 대한 니느웨의 반응　　155
3. 요나의 종교적 기능　　165

제5장 결론　　188

참고 문헌　　200

저자 서문

이 흥 수 박사
서울장신대학교 객원교수

　본서는 하나님의 창조 목적에 대한 묵상과 연구를 오랜 시간에 걸쳐 정리한 결과물이다. 하나님께서는 처음 세상을 창조하실 때부터 특정한 부류만이 아닌, 모든 존재가 잘되기를 원하시고 모두를 아끼시는 분이셨다. 그러나 오늘날 우리는 그 본래의 창조 의도를 자주 잊은 채, 자기 중심성과 이기적 사고에 빠져 살아가고 있다.

　특히, 현대 사회는 지나친 자기 표현의 강조와 자기 중심적 세계관 속에서 하나님이 주신 관계성과 공동체성을 상실해 가고 있으며, 인공지능과 디지털 기술의 비약적 발전은 편리함과 효율성이라는 이름 아래 영적 감수성과 종교성의 본질을 희미하게 만들고 있다.

　하나님의 음성보다 자신만의 목소리를 크게 내고자 하는 시대 앞에서 우리는 다시금 본질로 돌아가야 할 때다.

본서는 바로 그러한 문제의식에서 출발했다. 창조신학적 시각으로 본 성경의 메시지를 통해 하나님이 얼마나 우리 모두를 아끼시며, 인간이 어떠한 존재로 살아가야 하는지를 성찰하게 하려는 것이 본서의 중심 목표다.

하나님의 마음은 선택받은 소수의 특권이 아니라, 모든 이가 하나님의 생명과 사랑 안에서 온전히 살아가기를 바라는 구원의 열망이다.

본서를 집필하는 과정에서 만난 수많은 질문과 성찰은 오히려 나 자신을 더 깊은 회개의 자리로 이끌었고, 하나님의 뜻을 더 가까이 배우게 하는 시간이 되었다. 본서가 독자들에게도 그러한 회복과 통찰의 통로가 되기를 소망한다.

부족한 글이지만 한국에서 유일한 <신학박사 논문 시리즈 90번>으로 출판해 주신 기독교문서선교회(CLC)에 감사드린다. 그리고 본서가 그것이 누군가에게는 하나님을 다시 바라보게 하는 작은 이정표가 되기를 바란다. 진심 어린 비평과 격려를 환영하며, 끝까지 인내와 기도로 이 길을 함께해 주신 모든 분께 깊은 감사를 드린다.

제1장

서론

요나서는 4장으로 구성된 작은 책이지만, 많은 사람의 사랑을 받는 책 중의 하나로 여겨지고 있다.[1] 요나서에는 모든 인류를 향한 하나님의 사랑과 관심이 반영되어 있기 때문이다.

구약의 율법서와 예언서를 비롯한 다른 책들은, 비교적 유대인과 이방인을 엄격하게 구분하면서, 하나님을 향한 제의 규범을 지킬 것을 강조한다. 그러나 요나서는 유대인과 이방인을 구분하는 데 큰 관심을 두지 않으며, 출애굽의 주제나 레위기에서 볼 수 있는 제의 규범도 등장하지 않는다.[2]

---

1 아놀드 B. 로드스, 『통독을 위한 성서해설』(*The Mighty Acts of God*), 문희석, 황성규 옮김 (서울: 대한기독교출판사, 1984), 314.
2 출애굽기에 기술된 시내산의 율법은 이스라엘 백성이 애굽 사람이나 가나안 사람들과 같은 이방인들과 구별되기 위해 율법에 순종할 것을 촉구한다. 레위기는 음식 규정을 통해 종교적 순수성을 강조하며 이를 통해 이방인과 구별되어야 함을 강조하고 있다. 이밖에도 땅 정복 명령(민 33:51-52; 신 7:1-3; 수 11:23)은 이방인과의 구별이 단순히 율법이 아니라 민족의 정체성을 수립하는 중요한 이념이었음을 밝히고 있다.

요나서에 등장하는 인물들의 대다수는 비유대인이며, 종교 제도도 레위기의 것과는 다르다. 요나서에는 비유대인의 관습과 종교가 반영되어 있다. 때문에 요나서는 지역적 종교적 한계를 뛰어넘어 모두가 함께 읽을 수 있는 책이라 할 수 있다.

또한, 요나서는 시간적 한계도 뛰어넘는다. 비록 열왕기하에 따르면, 요나는 주전 8세기의 인물로 간주하지만, 요나서의 기록 연대는 확증할 수 없다. 기록 연대를 알 수 없는 요나서의 특징은, 그 메시지가 시간을 초월해 적용될 수 있음을 방증한다.

요나서에 등장하는, 이스라엘 밖의 사람들을 향한 하나님의 사랑과 관심은 시간과 장소를 초월한다. 이러한 요나서의 특징은 독특한 언어와 신학 그리고 사상으로 표현된다.

본서에서는 이러한 요나서의 특징을 창조신학과 보편주의라는 두 가지 측면에서 분석하고자 한다.

1. 문제 제기

하나님께서는 태초에 천지를 창조하실 때, 하나님의 의도대로 창조하셨고, 그 뜻대로 세상이 보존되기를 원하셨다(창 1:1-31a). 하나님은 어느 특정 민족이나 나라를 위해 세상을 창조하지 않으셨다.

하나님은 온 인류를 위해 이 세상을 창조하시고 그들을 통해 하나님의 뜻이 유지되기를 원하셨다. 창조의 하나님은 온 인류의 하나님이시다. 따라서 하나님을 어떤 특별한 민족의 하나님으로만 한정한다면, 하나님의 의도와 창조 질서를 벗어나는 것이다.

만일 하나님을 어떤 지역에 한정시키거나, 어떤 민족만을 위한 하나님으로 제한하려 한다면, 그것은 무한하신 하나님의 의지를 제한하는 것이며, 인간의 욕심을 채우기 위해 하나님을 우상화하는 것이라 볼 수 있다. 이는 창조 질서에도 벗어나는 것이며, 왜곡된 하나님 인식은 중대한 잘못이다. 왜곡된 지식과 편협한 고집으로 하나님을 제한해서는 안 된다.

요나 4장 11절은 다음과 같이 하나님의 긍휼을 설명한다.

> 니느웨에는 좌우를 분변하지 못하는 자가 십이만여 명이요. 가축도 많이 있나니 내가 어찌 아끼지 아니하겠느냐(욘 4:11).

"좌우를 분변하지 못하는 자"란 자신들의 주인이 누구인지 모르는 자들을 의미한다. 그러나 하나님의 긍휼은 그들에게까지도 제한을 두지 않으신다. 이 본문은 하나님의 사랑과 긍휼하심이 유대인뿐만 아니라 이방인에게도 적용됨을 알려 준다.

심지어 가축을 포함한 피조물도 하나님의 구원 대상이다. 하나님의 긍휼은 일부 지역이나 민족에게만 제한적으로 적용되지 않는다.

하나님의 창조 질서는 예외 없이 모든 민족과 인종, 지역과 종교에 적용되는 질서이다. 제의 규범과 땅 정복 명령을 통해 비교적 이방인과의 분리를 강조하는 율법서도, 보편주의적 이상을 담고 있다. 특별히 창조 기사나 홍수 이야기는 모든 인류를 대상으로 하는 본문들이다.

또한, 이방인들과 나그네를 보호하라는 명령이나(레 19:33-34; 신 10:18-19), 예루살렘에서 모든 민족이 함께 예배하기를 바라는 예언자들의 목소리는 모든 인류를 향한 하나님의 관심을 잘 보여 준다(사 66:18-24; 슥 14:16-21).

따라서 본서는 구약의 본문에 담겨 있는 보편주의적 사상에 기초하여, 하나님의 긍휼하심이 특정 부류에만 적용되는 것이 아니라, 모든 민족을 향한 것임을 논하고자 한다.

2. 연구 목적과 논지

요나서는 인류를 향한 창조주 하나님의 의지를 엿볼 수 있는 다양한 관점을 제공한다. 요나서는 이방을 향한 선교적 책으로 잘 알려져 있다. 선교적 관점은 유대인의 관점을 기초로 한다. 따라서 요나서는 유대인의 하나님이라는 관점에서, 니느웨를 구원의 대상으로 이해하는 선교의 책으로 이해된다.

그러나 유대적 관점으로만 요나서를 읽는다면, 자칫 하나님을 유대 민족의 하나님으로 한정하여, 하나님에 대한 인식을 왜곡할 우려가 있다. 따라서 이를 보완하기 위해, 유대인 밖에서 본 하나님에 관해 연구할 필요가 있다.

요나서에는 선원들이나 니느웨 백성과 같은 비유대인이 다수 등장한다. 이들에게 유대인의 하나님은 유대인뿐만 아니라 자신들의 운명에도 영향을 미칠 신으로 인식되었다. 비록 유대인처럼 야웨 하나님을 유일신으로 받아들이지는 않았지만, 야웨를 창조의 하나님, 자연의 하나님, 그리고 미래의 운명을 바꿀 수 있는 하나님으로 생각했다.

본서는 선원들과 니느웨 백성 같은 비유대인들이, 하나님을 어떻게 인식했는지를 살펴보고자 한다. 그들에게는 유대인과 같은 종교적 제도가 없었지만, 자신들의 종교와 문화를 통해 하나님을 인식하고 하나님의 구원을 기대했다. 또한, 유대인과 요나에게 이방인으로 여겨졌던 타자의 시각에서, 하나님과 하나님의 심판 행위가 어떻게 인식되었는지를 분석하고자 한다.

3. 연구 방법

본서는 요나서를 통해 모든 인류에게 주어지는 하나님의 구원 사상을 규명하고자 한다. 이를 위해 요나서에 나타난 창조신학과 보편주의를 규명하고자 한다. 보편주의(universalism)란 특정한 집단이나 종교, 국가에 속한 사람들뿐만 아니라, 모든 인류에게 적용되는 원리나 가치를 지지하는 철학적, 종교적, 윤리적 입장을 의미한다.[3]

고대 이스라엘의 인접 국가들에는 유대인과 다른 종교 체계가 존재했으며, 표면적으로 볼 때 구약의 구원관이나 신관과 큰 차이를 보인다. 그러나 이러한 차이는 종교 제도와 조직 그리고 신앙생활의 외양에 기인한 바가 크다. 에밀 뒤르켐(Émil Durkeim)은 모든 종교는 체계가 다르다 하더라도 유사점이 있다고 주장한 바 있다.[4] 왜냐하면, 신을 숭배하는 마음이나, 인간에게 닥친 문제와 이를 해결하는 방법에는 큰 차이가 없기 때문이다.

따라서 요나서에 등장하는 선원들과 니느웨 사람들의 종교 체계와 신앙관을, 요나의 것과 비교함으로써, 그 차이뿐만 아니라 유사점도 규명할 수 있다. 이를 위해 본서는 비교 방법론을 연구 방법론으로 사용하고자 한다.

---

[3] "Universalism," *Psychology: IResearchNet*, https://psychology.iresearchnet.com/counseling-psychology/multicultural-counseling/universalism. 2023년 11월 15일 접속
[4] 에밀 뒤르켐, 『종교생활의 원초적 형태』, 노치준, 민혜숙 옮김 (서울: 민영사, 1992), 590-591.

비교 방법론이란 서로 다른 사회나 민족의 제도와 문화 등을 비교하여, 그 유사점이나 차이점을 찾아보는 것이다.[5] 비교 방법론은 단순히 비교가 목적이 아니라, 종교 현상이나 문화 현상을 해석하고 설명하기 위한 것이다.

조나단 스미스(Jonathan Z. Smith)는 비교를 위한 비교나 우연한 비교를 지양하고, 과학적이고 정밀한 과정을 통해 비교 작업해야 한다고 주장했다. 그는 비교의 규칙을 무시한 자의적 비교는 주관적 경험을 근거로 한 비교가 되기 쉽다고 경고한다.

> 학자는 매우 특정한 자료가 독특하다는 생각이 매력적이라고 느끼곤 한다. 그러나 연구를 하던 어떤 지점에서, 마치 저절로 그렇게 된 것처럼, 일종의 데자뷰와도 같이, 그는 자신이 '그것' 혹은 '그와 같은 것'을 이전에 본 적이 있다고 생각한다. … 다음에는 이러한 경험, 다시 말해 예기치 않은 연구의 결과에 의미와 중요성이 부여되고 이에 관해 설명하게 된다. 비교의 역사에 나타난 대부분은, 주관적 경험이 영향, 확산, 차용 등의 어떤 이론을 통해서 객관적인 연관성을 지닌 것으로 추정된다. 이는 심리적 연상 작용에서 역사적인 것으로 방향을 바꾸는 과정이며, 유사성과 연속성이 인과관계를 지닌 것이라고 주장하는 것이다.[6]

---

5   J. Z. Smith, *To Take Place: Toward Theory in Ritual* (Chicago: University of Chicago Press, 1987), 14.
6   J. Z. Smith, *Imagining Religion: From Babylon to Jonestown* (Chicago: University of

스미스는 이와 같은 주관적이며 우발적인 비교를 지양해야 하는 이유를, 단순히 외관상 유사해 보이는 것들을 나열하거나, 이미지가 유사한 것들을 연결시킬 수 있기 때문이라고 말했다. 스미스는 유사성에만 초점을 둔 비교 방법론을 비판하며, 차이를 드러내는 비교 연구에 더욱 주목해야 한다고 주장했다.

그는 비교 대상의 유사성을 찾으려는 기존의 방법론을 비판하며, 차이와 불일치의 중요성을 강조한다. 예를 들면, 유대교와 기독교는 비슷해 보이지만 종교적 교리나 종교 현상에 큰 차이가 있다. 따라서 두 종교의 유사성에만 주목할 경우, 양쪽이 발전시켜 온 문화의 독특성과 종교적 특징을 간과하기 쉽다.[7]

스미스는 비교 대상을 서로 같은 것으로 보는 일반화도 경계했지만, 어느 한쪽의 독특성을 지나치게 강조하여 "유일한 것"으로 간주하는 경향도 주의해야 한다고 말했다. 특정 종교 현상을 유일하거나 독특하다고 규정하는 것은, 종교 현상의 일반성을 무시하고, 어느 한쪽의 우월성을 강조하는 교조주의적 사고로 경도될 위험이 크기 때

Chicago, 1982), 26. 재인용: 유요한, "종교학의 비교 방법론: 공동 작업에 근거한 비교 철학 연구를 위한 제언", 「종교와 문화」 14(2008), 149.

7 단순히 유대교와 기독교를 비교하는 것도 일반화의 오류에 빠질 수 있다. 왜냐하면, 기독교에 다양한 종파가 존재하듯이 유대교도 한 교리에 기반한 한 종파만 존재하는 것이 아니기 때문이다. 따라서 비교 대상과 범위를 엄밀하게 선정하는 것이 중요하다. 스미스는 *Imagining Religion* 1장에서 '유대교들'이라는 명칭을 사용하였고, *Drudgery Divine*에서는 '기독교들'이라는 칭호를 사용하였다. J. Z. Smith, *Drudgery Divine: On the Comparison of Early Christianities and the Religions of Late Antiquity* (Chicago: University of Chicago Press, 1990), 54-84.

문에 비학문적이라 할 수 있다.[8]

예를 들면, 구약에 등장하는 유일신 신앙은 유대교에 독특한 것이기는 하지만 유대교를 다른 종교와 구분할 수 있는 유일한 것은 아니다. 유일신 신앙은 원시 종교에서 고등 종교로 발전한 상태에서 발견할 수 있는 현상도 아니며, 유대교에서만 발생한 것이 아니라, 지역과 문화적 상황에 따라 어느 곳, 어느 때나 발현될 수 있는 종교적 현상 중 하나이다.

4. 연구 범위

본서는 요나서의 분석을 두 가지 방향으로 실시하고자 한다.

첫째, 요나서에 나타난 창조신학과 사상을 알아보는 것이다. 요나서에 나타난 신명과 창조신학적 어휘들의 연구를 통해, 온 인류를 향한 하나님의 창조 의지를 규명하고, 이방인들의 자연 관찰과 자연신관이 어떻게 하나님의 창조 질서를 이해하고 있는지를 알아보고자 한다.

---

8 스미스의 비교 방법론에 관한 자세한 사항은 유요한, "새로운 비교 종교 방법론의 발전 가능성과 그 방향: 조나단 스미스의 '같은 지점'의 확인을 통해", 「종교와 문화」 13(2007), 89-115를 참조하라.

둘째, 요나서 내에서 활동하고 있는 이스라엘 이웃 민족의 종교와 문화가, 하나님의 뜻을 구현하는 데 어떻게 사용되었는지를 살펴볼 것이다. 이를 통해 지역과 민족을 초월해 온 인류와 세상을 위해 활동하시는 하나님의 모습을 알아보고자 한다.

아울러 본서는 요나가 활동했던 주전 8세기의 상황을 알려 주는 열왕기하와, 이들의 배경을 기술하고 있는 신앗수르 시대의 역사 및 종교 문헌을 연구 범위로 삼는다.

5. 선행 연구

르빈(E. Levine)은 요나서의 해석 방법을 여섯 가지로 요약하고 있다.

첫째, 역사비평적 학파는 요나서의 역사성에 의문을 제기하며, 국수주의적인 적대감을 드러내는 책으로 규정한다.
둘째, 신비주의자들은 요나서를 인간의 영적 여행기로 간주한다.
셋째, 유대 정통주의자들은 요나서를 이방에 회개를 호소하는 책으로 본다.
넷째, 기독교는 요나서를 에스라 시대 이후 발생한 유대인의 배타주의에 저항하는 책으로 본다.

다섯째, 종교 학파는 요나서가 보편주의적 메시지를 담고 있다고 생각한다.

여섯째, 인문주의자들은 요나서가 인과응보를 기반으로 하는 정의 보다는 자비를 가르치는 책으로 이해한다.⁹

이처럼 다양한 요나서의 해석사를 일일이 연구하기는 쉽지 않다.¹⁰ 그래서 여기에서는 본서의 주제와 관련하여, 정경적 관점에서 본 유형론, 그리고 문화적 관점에서 본 선교신학과 해방신학의 연구사를

---

9   Etan Levine, "Jonah as a Philosophical Book," *ZAW* 96 (1984), 235-245.
10 우리나라 학자들도 요나서에 대해 다양한 해석 방법을 제시하고 있다. 홍혜경은 요나서를 분석 심리학적으로 분석하여 요나의 삶을 자아 실현의 실패의 과정으로 규정하였다. 홍혜경, "신화적 관점으로 본 요나의 삶과 현대적 적용: 요나서의 분석 심리학적 접근을 중심으로",「연세 상담 코칭 연구」3(2015), 355-374. 강철구는 요나서의 문학이나 역사성을 탐구하기보다는 요나서에 드러난 예언적 특질 연구에 집중한다. 그는 요나서와 다른 예언서의 심판 선언을 비교한 뒤, 용서하시는 하나님을 통한 교육적 목적이 요나서의 특징이라고 주장한다. 강철구, "심판 선언 양식을 통해 본 니느웨에 대한 요나의 숨은 의도",「구약논단」73(2019), 130-157. 박경식은 요나서를 수사학적으로 읽고 요나서에 등장하는 등장 인물들을 수사적 도구로 이해하고 있다. 박경식, "요나 4장 10-11절의 열린 결말에 대한 내러티브비평 연구",「구약논단」83(2022), 92-123. 박지온은 온 생명체를 향한 하나님의 공의와 사랑은 하나님의 보편성을 잘 표현하고 있다고 주장한다. 박지온, "요나서에 나타난 온 생명체를 향한 야웨의 공의와 사랑",「신학 연구」82(2023), 195-220. 윤동녕은 요나서에 등장하는 선원들이 제비뽑기와 같은 자신의 종교와 문화를 통해 하나님을 인식하고 있다고 주장한다. 윤동녕, "요나서 1장에 나타난 선원들을 향한 하나님의 선교: 고대 근동 종교와 문화의 관점으로 본 요나서",「선교와 신학」45(2018), 177-203. 기민석도 선원들의 제비뽑기가 문제 해결을 위한 도구로 사용되었다고 주장한다. 기민석, "평화 기제로서의 희생과 제비뽑기: 사사기 19-21장과 요나서 1장을 중심으로",「복음과 실천」65(2020), 7-31. 이처럼 요나서에 대한 다양한 해석 방법은 요나서가 해석에 있어 열린 책이며 아직도 다양한 접근 방법으로 해석하기를 기다리는 책임을 알려 준다.

살펴보고자 한다.

1) 유형론

교부들은 요나를 예수의 모형으로 보는 유형론(typology)의 시각으로 요나서를 읽었다. 예를 들면, 테르툴리아누스(Tertullianus)는 요나가 물고기 뱃속에서 사흘간 있었던 일을 그리스도의 사흘 간의 죽음과 비교했다. 또 크리소스톰(Chrysostom)을 차명한 한 교부는 요나가 잠든 장면을 마리아의 뱃속에서 잠든 그리스도로 보았으며, 히에로니무스(Hieronymus/영: Jerome)는 이 땅으로 내려오신 그리스도를 다시스로 내려간 요나에 비유했다.[11]

교부들은 요나를 긍정적으로 보았으며, 요나가 물고기 뱃속에서 머물다 나온 삼 일을 십자가와 부활의 사건과 유비하였다. 하지만, 요나가 예수님을 유형화한 것이라면 예수님도 요나처럼 하나님의 명령을 거부하고 도망쳤어야 한다. 그러나 예수님은 고난의 잔을 회피하지 않으셨다.

이와 반대로 루터는, 요나를 반유대적인 정서를 표현하는 수단으로 삼기도 했다. 루터는 요나가 그리스도를 상징하지 않으며, 십자가나 어둠의 세력과의 싸움과는 관련이 없다고 주장했다. 그에 따르면,

---

[11] Yvonne Sherwood, *A Biblical Text and Its Afterlives: The Survival of Jonah in Western Culture* (Cambridge, U.K.: Cambridge University Press, 2000), 2-15.

덩굴을 갉아먹은 벌레는 십자가에 달리신 예수 그리스도를 좀 먹는 벌레이며, 이들은 유대주의자이자 예수께서 마가복음 11장에서 저주하신 무화과나무와 같다.[12]

루터는 뱃속의 요나를 예수 그리스도의 죽음과 부활로 유형화한 주장에는 반대하지만 반유대적 정서를 표현하기 위해 요나서를 다른 유형론적 시각으로 접근한다.

유형론이 요나서의 신약적 연관성을 강조하는 장점이 있지만, 루터의 경우에서 알 수 있듯, 특별한 교리나 이념을 강조하기 위해 요나서를 비역사적으로 해석하는 단점도 있다.

---

12 Martin Luther and Hilton C. Oswald, *Lectures on the Minor Prophets* (Saint Louis: Concordia, 1973), 103.

2) 선교신학과 해방신학적 견해

(1) 선교적 목적으로서의 요나서 이해

많은 학자가 요나가 니느웨에 선포한 하나님의 말씀을 선교적 측면에서 보고 있다.[13] 요나서를 선교적 목적으로 이해하는 학자들은 요나서의 기록 목적이, 이방에게 빛을 비추는(소위 제2 이사야 이후의 메시지) 선교의 사명을 선민 이스라엘이 자각하게 하기 위함이라 생각한다.[14]

포로 중기 이후, 포로민들은 아브라함의 약속 중에서 "땅의 모든 족속이 너로 인하여 복을 얻을 것이니라"(창 12:3)라는 말씀을 자신들에게 부여된 선교적 사명으로 이해했다. 이들에 따르면, 포로로 이방에 끌려온 후 이스라엘의 시각은 온 세계를 향하여 열리게 되었으며, 포로로 끌려가게 된 것이 이 사명을 게을리했기 때문이라는 자각이 일어나면서, 요나서의 메시지가 포로 중기 이후에 널리 읽히게 되었다.

한편, 요나서는 동시에 "악독한 니느웨까지도 회개하면 풍성한 자비를 내리시는 하나님께서, 선민 이스라엘이 회개할 때, 어찌 풍성한 자비를 내리지 않겠느냐"라는 메시지로서, 선민 이스라엘이 야웨께

---

13 배재욱, "요나서에 나타난 선교에 대한 고찰", 「신학과 목회」 43(2015), 9-34; 이사야, "예언서에 나타나는 선교 사상: 선교적 눈으로 요나서 읽기", 「대학과 선교」 30(2016), 43-71; 김남일, "요나서와 '하나님의 선교'(Mission of God)에 관한 연구", 「갱신과 부흥」 28(2021), 7-32.
14 월터 C. 카이저, 『구약성경과 선교』, 임윤택 옮김 (서울: CLC, 2013), 137-55.

돌아와 풍성한 자비로 용서를 받도록 호소하는 메시지를 암시적으로 담고 있다.[15]

구약성서는 선교와 연관된 주장들이 상당히 많이 존재한다. 그러나 요나는 선교적 메시지를 전하려고 니느웨에 간 것은 아니다. 그는 하나님의 말씀을 그대로 전하는 메신저였다. 그가 하나님께 불순종한 이후, 억지로 행한 일은 니느웨 성읍에서 하루 동안 다니며 "사십 일이 지나면 니느웨가 무너지리라"고 외쳤을 뿐이다.

요나에게는 선교사의 모습을 찾아보기 힘들다. 그는 니느웨 백성을 불쌍히 여기지도 않았으며, 그들이 회개하고 구원받는 것에 대해 오히려 하나님께 화를 내던 예언자였다. 예언자는 이스라엘의 종교 지도자 중의 하나였다. 물론, 요나가 모든 예언자를 대표하거나 이스라엘을 대표할 수는 없지만, 예언서에 포함된 요나서는 이스라엘의 입장을 어느 정도 반영한다고 볼 수 있다.

따라서 요나가 이방 민족의 구원을 바라지 않는다면, 그것은 이스라엘 민족의 주장을 상당수 반영한다고 할 수 있다. 창조주 하나님은 모두가 잘되기를 원하시지만, 요나로 표상된 이스라엘은 그 뜻을 거부한다.

---

15 강사문 외 3인, 『구약성서 개론』 (서울: 한국장로교출판사, 2000), 734.

(2) 해방신학의 관점으로 요나서 이해

요나서는 해방신학의 논지 중 하나인 보편적 해방을 선포하는 책으로도 볼 수 있다. 해방신학의 주요 논지 중 하나는 하나님은 가난한 자, 억압받는 자의 편에서 해방을 역사하시는 분이라는 고백이다.

동시에 이러한 해방을 통해 가난한 자, 억압받는 자와 함께, 부유한 자, 억압하는 자도 비인간적, 구조적인 죄악의 굴레에서 해방되어 참다운 인간적 삶을 영위하며, 평화와 정의와 사랑의 공동체를 구축하며, 주를 찬양하고, 인간과 인간, 인간과 하나님 사이의 바른 관계 속에서 살게 되기를 소망하며, 해방을 실천해야 한다는 당위성의 선포이다.[16]

자본주의는 그것 자체의 구조적 한계를 지닌다. 이것은 금권과 군사력에 의한 힘의 논리를 바탕으로 하며, 인간의 자기중심적인 속성을 토대로 하기 때문에 그 구조적 죄악을 피하기 어렵다. 그래서 동구가 공산주의 실험의 실패로 몰락한 지금도, 이 세상을 향한 해방신학의 정의와 평화의 선포는 유효하고 필요하다.

물론, 해방신학의 주장을 모두 수용할 수는 없다. 하지만, 해방신학이 추구하는 보편성은 요나서의 주요 신학적 주제 중 하나라고 할 수 있다.[17]

---

16 구스타보 구티에레즈, 『해방신학』, 김영희 옮김 (경북: 분도출판사, 1987), 323.
17 박철우, 『구약성서의 구조와 신학』 (서울: 한국신학연구소, 1996), 324.

제2장

요나서의 문학과 배경

요나서의 역사성과 저작 연대 그리고 장르에 관한 연구는 구약학에서 가장 뜨거운 논란의 대상 중 하나일 것이다. 요나서를 포로 후기의 문학적 작품으로 보는 관점에서는 요나 이야기의 역사성이 부정될 수밖에 없다. 그러나 유대교 정경, 70인역, 그리고 모든 기독교 구약 정경에서 요나서가 예언서에 포함되어 있다는 점에서, 장르를 어느 하나로 쉽게 결정할 수 없으며, 그 역사성도 간단하게 부정할 수 없다.

제2장에서는 요나서의 문학적 측면과 역사성을 논의하고, 이를 근거로 요나서를 요약하도록 하겠다.

1. 요나서의 저작 연대

요나서 자체에는 언제, 누가 이 책을 썼는지에 대한 언급이 전혀 없다. 전통적 견해는 요나를 저자로 생각해 왔다. 만약 요나가 요나서를 썼다면 주전 8세기의 어느 때가 될 것이다.

요나는 갈릴리의 가드헤벨 출신이며, 아밋대의 아들로 이스라엘 사람이었다. 이 견해에 따르면 열왕기하 14장 25절에 나오는 '요나'라는 예언자와 요나서의 요나는 동일한 인물이다. 이 두 곳에 기록된 요나의 아버지 이름이 '아밋대'로 같기 때문이다.

열왕기하 14장 25절에 따르면, 요나는 아밋대의 아들로서 나사렛 부근 가드헤벨(Gath-Hepher)에서 살았던 스불론 지파의 북왕국 선지자이다. 그가 활동했던 여로보암 2세 시대(주전 793-753년)는 북왕국의 가장 강대한 시기 중 하나였다. 요나는 여로보암 2세가 영토를 확장할 것을 예언했다(왕하 14:25). 여로보암 2세는 영토를 확장하여 다윗과 솔로몬 당시 영토의 대부분을 회복했으며, 아람을 굴복시켜 오랫동안 상실했던 다메섹 지역을 회복했다.

당시 앗수르는 외부적 문제로 이스라엘이 위치한 강 서안 지역에 신경 쓸 여력이 없었다. 요나가 원래 가드헤벨 출신이라 할지라도, 그는 자신의 예언적 활동을 사마리아 안에서나 그 주변에서 행했을 것이다. 열왕기하 14장 25절의 신탁은 요나가, 이스라엘의 국경을 확장하려는 여로보암 2세의 전쟁을 격려하는 예언적 활동으로서, 수

도 안의 여로보암 궁궐에서 이루어졌음이 분명하다.[1]

요나의 활동 연대는 아모스 예언자와 중복되지만, 요나서의 저작 연대는 불확실하다. 어떤 학자는 요나서가 요나 자신 혹은 요나의 제자들에 의해 기록된 것이 아니라, 요나라는 인물의 전기적인 이야기를 사용해 예언자적 메시지를 전하려는 지혜자나 예언자 그룹이 배후에 있었을 것으로 추정하며, 기록 연대를 포로 중기 이후로 본다.[2] 마이어즈(J. Myers)는 포로기의 경험이 요나서의 보편주의를 낳은 계기가 되었다고 주장한다.[3]

요나서의 언어적 특징도 저술 연대를 추정하는 요소가 될 수 있다. 요나서에는 아람어 혹은 북이스라엘 방언의 영향을 받은 어휘들이 상당수 등장한다. 그래서 요나서의 아람어 특징으로 보아, 저술 시기를 주전 5세기 이후로 추정하는 학자들도 있다. 이들에 따르면, 요나서에 등장하는 아람어 혹은 아람어화된 본문들이 포로기 이후의 상황을 반영한다고 주장한다.

요나서에 사용된 히브리어는 예루살렘 지역에서 사용되던 표준 히브리어가 아니다. 1909년 드라이버(S. R. Driver)는 요나서의 특이한 언어적 현상은 포로 이전 북이스라엘의 히브리어와 유사하다고 주장

---

1 더글라스 스튜어트, 『호세아-요나: WBC 성경 주석』, 김병하 옮김 (서울: 솔로몬, 2011), 782.
2 강사문 외 3인, 『구약성서 개론』, 732.
3 Jacob M. Myers, *The Book of Hosea, Joel, Amos, Obadiah, Jonah* (The Layman's Bible Commentary 14; Richmond, VA: John Knox Press, 1959), 160.

했다.⁴ 그리고 로레츠(Otto Loretz)는 드라이버의 주장을 이어받아, 요나서에서 발견되는 독특한 표현들은 모두 북이스라엘 방언과 관련된다고 주장했다.⁵

그러나 1장에서 선원들이 사용하는 아람어가, 아람화의 영향 때문인지, 선원이 외국 출신인 것을 강조하기 위한 문체상의 차이인지는 분명하지 않다. 왜냐하면, 선원이나 니느웨 사람들과 관계된 본문에는 아람어 표현이 사용되지만, 요나에게는 주로 히브리어 표현이 사용되고 있기 때문이다.

아람어는 주전 8세기 후반 산헤립의 신하가 사용한 언어로서(왕하 18:26), 앗수르를 포함한 고대 근동 여러 나라에서 널리 통용된 언어였다. 아마도 요나가 북왕국 출신이기 때문에, 아람어에 더 익숙했을 수도 있다.⁶

학자들은 다양한 이유로 요나서의 예언은 실제 역사적 사건을 배경으로 한 것이 아니라, 후대의 상황을 반영하고 있다고 주장한다. 요나가 실제 인물이 아닌, 국수주의적이고 폐쇄주의적인 이스라엘 민족을 상징한다고 보는 견해도 있다.

어떤 학자들은 요나서가 바벨론 포로기에 기록된 것으로 보고, 포로민에게 우주적이며 보편적인 하나님의 권능을 표현하고 있다고 본

---

4 S. R. Driver, *Introduction to the Literature of the Old Testament* (New York: Doubleday, 1956), 322.
5 O. Loretz, "Herkunft und Sin der Jona-Erzälung," *BZ* 5(1961), 18-29.
6 J. Magonet, "Jonah, Book of," *ABD* 3, 940.

다. 최근 연구는 요나서를 포로 후기 예후드(Yehud)를 배경으로 한 작품으로 보고 있으며, 지식인들(literati)이 당시의 폐쇄주의적인 종교적 상황에 대항하기 위해 기록했다고 본다.[7]

요나서의 저작 시기를 정확히 알 수 없으나, 주전 2세기 이후일 수 없는 것은 확실하다. 왜냐하면, 외경의 집회서가 열두 예언자를 언급하고 있고("그밖에 열두 예언자가 있었으니," 공동번역 49:10), 토비트서도 요나를 암시하고 있기 때문이다(공동번역 14:4).

이들 본문은 요나서가 마카비 시대 이전의 작품임을 방증한다.[8] 요나서의 저작 시기는 후대일 수 있지만, 요나서를 구성하고 있는 개별 전승은 보다 오래된 것으로 보인다. 아마도 후대의 개작과 편집의 과정을 거쳐 현재의 예언서가 되었을 것이다.

---

7   포로 후기의 지식인과 요나서와의 관계는 Ehud Ben Zvi, *Signs of Jonah: Reading and Rereading in Ancient Yehud* (JSOTSup 367; Sheffield: Sheffield Academic Press, 2003)을 참조하라.
8   Jack M. Sasson, *Jonah* (AYB 24B; New Haven, CT: Yale University Press, 1990), 21.

2. 요나서의 장르

알렉산더(Desmond Alexander)는 요나서의 장르를 역사, 알레고리, 미드라쉬, 우화, 예언적 우화, 전설, 예언적 전설, 단편 소설, 풍자, 교육적 픽션, 풍자적이며 교육적인 짧은 이야기로 분류한 연구자들을 소개하며, 각 이론의 장점과 문제점을 분석했다. 그러면서 그는 요나서를 픽션이 아닌 "교육적 역사"(didactic history)로 읽기를 권하고 있다.[9]

전통적으로 요나서는 역사적 전기에 속한다. 그러나 요나서에 기록되어 있는 기적적인 사건들 때문에 우화, 전설, 계몽 소설, 미드라쉬, 소설, 알레고리, 비유, 풍자, 희곡, 교훈 등 다양한 장르로 분류된다.[10]

---

[9] Desmond Alexander, "Jonah and Genre," *TynB* 36 (1985), 35-59. 그 밖의 요나서에 대한 다양한 해석 방법을 정리한 연구서로는 L. Jonker and D. Lawrie (eds.), *Fishing for Jonah (anew): Various Approaches Biblical Interpretation* (Stellenbosch: Sun Press, 2005)를 참조하라.

[10] G. M. Landes, "Jonah: A Māšāl?", in J. G. Gammie et al. (eds.), *Israelite Wisdom: Theological and Literary Essays in Honor of Samuel Terrien* (Missoula, MT: Scholars Press for Union Theological Seminary, 1978), 137-58; E. M. Good, *Irony in the Old Testament* (Sheffield: Almond Press, 1981), 42; J. C. Holbert, "Deliverance Belongs to the Lord! Satire in the Book of Jonah," *JSOT* 21 (1981), 59-81; D. Marcus, *From Balaam to Jonah: Anti-Prophetic Satire in the Hebrew Bible* (BJS 301; Atlanta: Scholars, 1995); J. Miles, "Laughing at the Bible: Jonah as Parody," *JQR* 65 (1975-76), 168-81; M. Burrows, "The Literary Category of the Book of Jonah," in H. T. Frank and W. L. Reed (eds.), *Translating and Understanding the Old Testament: Essays in Honor of Herbert Gordon May* (Nashville: Abingdon, 1970), 80-107; Sasson, *Jonah*, 328-51.

알레고리적 해석에 따르면, '요나'는 이스라엘을, '다시스로 도망한 것'은 포로기 이전 불순종을, '물고기 뱃속에서의 시간'은 바벨론 포로기를, '물고기가 육지에 토한 것'은 이스라엘의 귀환을 가리킨다.[11]

알렌(L. C. Allen)은 요나서를 알레고리적 성격의 비유로 규정하며, 예언자 이야기를 모방하고 있다고 생각했다.[12] 그는 요나서가 엘리야의 시돈 여행(왕상 17:8)과 엘리사의 아람(왕하 5:1 이하) 여행과 유사하다고 보았다. 이 두 이야기는, 바알 숭배자와 대결하고 심판과 정의를 수행하는 과정에서 기적의 사건들을 기술하고 있다.

이러한 점에서 소돔과 고모라의 사건(창 19:25, 29)과 유사하며, 그들의 집단적 징벌은 홍수 심판(창 6:11, 13)을 생각나게 한다. 요나의 역할은 소돔의 멸망을 선포하기 위해 파송된 천사들과 비견된다(창 19:1, 15).

그러나 알레고리적 해석은 지나친 짜 맞추기 해석이며, 해리슨(R. K. Harrison)이 말한 대로 요나서를 알레고리로 해석해야 한다는 어떤 암시나 단서도 찾아볼 수 없다.[13]

---

[11] 유진 H. 메릴, 마크 F. 루커, 마이클 A. 크리산티, 『현대인을 위한 구약 개론』, 유창걸 옮김 (서울: CLC, 2016), 702.

[12] L. C. Allen, *The Books of Joel, Obadiah, Jonah and Micah* (NICOT; Grand Rapids: Eerdmans, 1976), 177.

[13] R. K. Harrison, *Introduction to the Old Testament* (Grand Rapids: Eerdmans, 1969), 912.

알레고리적 해석 외에도, 이야기를 통해 교훈을 전하기 위해 비유를 사용했다는 비유적 해석도 있다.

"비유는 도덕적, 영적 진리를 상징해 주는 짧은 이야기이다."[14]

비유는 역사적 사건일 필요가 없다. 하지만, 요나서가 비유라 한다면 요나서와 비슷한 관점의 다른 사건들도 비유로 보아야 한다.

롱맨(Tremper Longman III)과 딜라드(Raymond B. Dillard)는 앨런을 인용하며, 저자가 요나서를 역사적 기록이 아닌 비유로 읽기를 의도했다고 주장한다. 따라서 요나서의 역사적 문제는 신학적 메시지를 해석하거나 본문들을 주석하는 데 영향을 미치지 않는다고 본다.[15]

이처럼 요나서의 장르를 결정하는 이론들은 요나서에 기록된 이야기들의 역사성을 부인하고 있다. 요나서의 역사성을 인정하기 힘든 가장 큰 이유 중의 하나는 큰 물고기에 삼켜졌다는 유명한 에피소드(욘 1:17-2:10) 때문이다. 인간이 물고기 속에서 삼 일간 생존할 수 있다는 이야기는 있는 그대로 받아들이기 힘들다.

그뿐만 아니라 이방인이었던 요나가 니느웨에 가서 그들에게 회개하며 이스라엘의 하나님께 돌아오라고 권면했고, 그들이 그렇게 했다는 점도 역사적 사실로 받아들이기 쉽지 않다. 요나가 예언을 선포했을 때 백성과 왕이 즉각적으로 회개했으며, 심지어 가축들도 회개

---

14 윌리엄 S. 라솔, 데이비드 앨런 허바드, 프레드릭 윌리엄 부쉬, 『구약 개관』, 박철현 옮김 (서울: 크리스챤다이제스트, 2009), 526.

15 트렘퍼 롱맨, 레이몬드 딜라드, 『최신 구약 개론(제2판)』, 박철현 옮김 (서울: 크리스챤다이제스트, 2009), 594-95.

의 대열에 동참했다. 이러한 현상은 다른 문서 예언서에서 찾아보기 힘들다.

그래서 학자들은 요나서의 예언은 실제 역사적 사건을 배경으로 한 것이 아니라, 후대의 상황을 반영하고 있다고 주장한다. 많은 해석자와 학자들은 이러한 요소들 때문에 요나서를 문자 그대로, 사실로 받아들여서는 안 된다고 제안했다. 그러나 복음주의 해석가들은 요나서의 사건이 역사적으로 정확하다고 본다.[16]

이에 대해 최종진은 다음과 같이 주장한다.

> 요나서는 여러 세기를 걸쳐 많은 이설이 있었고 관심의 대상이 되어 왔다. 왜냐하면, 요나가 바다 깊이 큰 물고기 뱃속에서 3일 동안 갇혀 있다가 다시 살아난 사건 때문이다. 그래서 요나서가 실제의 역사적 사실이 아니고 다만 풍유, 혹은 전설, 설화, 우화를 포함했다는 그릇된 학설이 있다. 그러나 분명히 요나서는 실제의 역사적 사실을 가진 기록이다.
>
> 왜냐하면, 첫째로, 예수 그리스도께서 이 기사가 진실한 것으로 인정하셨는데 "요나의 표적밖에는 보일 표적이 없느니라. 요나가 밤낮 사흘을 큰 물고기 배 속에 있었던 것같이 인자도 밤낮 사흘을 땅속에 있으리라" 하셨다(마 12:40). 이는 하나님의 기적이다. 예수

---

[16] 로버트 치즈홀름, 『예언서 개론』, 강성열 옮김 (고양: 크리스찬다이제스트, 2006), 618-621.

그리스도께서 죽은 자 가운데서 무덤에서 3일 만에 다시 사신 사건을 믿을진대, 요나의 기적은 오히려 쉬운 일인 것이다.[17]

와이즈먼(D. J. Wiseman)은 신약에서 요나의 표적을 그리스도의 죽음과 부활의 예표로 본 것은, 요나의 역사성을 인정한 증거라고 주장한다. 또한, 예수께서 니느웨 사람들의 회개를 당시의 불신앙에 빗대어 말씀하신 것은, 유대인들이 요나서의 역사성을 인정하고 있었다는 방증이다.

와이즈먼에 따르면 니느웨의 사건이 신화적인 사건이라면, "요나보다 더 큰 자가 여기 있다"라는 예수님의 주장은 허구이며, 신앙공동체가 오히려 더 큰 혼란에 빠질 수 있음을 지적한다.[18]

전체적으로 볼 때, 요나서의 본래 줄거리를 이끌어 나가고 있는 중심적 존재는 예언자가 아니라 (창조주)하나님이다. 이 책은 철저히 신 중심적 성격을 띠고 있다. 폭풍을 일으켜 예언자의 죄를 밝혀내고, 도망가는 예언자를 심판하신 분은 (창조주) 하나님이시다. 여기서 그의 힘과 권능이 드러나며, 하나님은 이방인 선원들도 이를 인정하게 만든다. 하나님은 심판과 은혜를 통해, 반항하는 요나가 맡은 위임에 순종하도록 강요하며, 요나의 설교를 통해 악으로 가득 찬 이방 대도시를 참회하게 하신다.

---

17 최종진, 『구약성서 개론』 (서울: 도서출판 소망사, 2000), 559-560.
18 D. J. Wiseman, "Jonah's Nineveh," *TynB* 30 (1979) 29-52.

마지막으로, 자신의 기적적인 힘을 통해, 화를 내는 예언자를 자포자기의 상태로 이끄신 후, 거기서부터 예언자에게 자신이 베푸는 자비의 권능과 힘을 확신하게 하신 것도 그분이다. 예언자의 반항과 죄는 오히려 하나님의 크신 능력과 넓으신 생각을 비로소 올바르게 드러내는 역할을 했음이 틀림없다.

이 점에 있어서, 이 예언서는 비록 문학적으로는 본디 구약의 예언서로 볼 수 없다 할지라도 하나님에 대한 순수한 예언적 증거를 포함하고 있는 것은 부정할 수 없다.[19] 요나서는 다른 예언서들과 다른 특징이 있는데, 그것은 다른 예언서들이 주로 예언의 내용을 기술하고 있는 반면, 요나서는 예언보다 요나에 관한 전기적인 기록으로 되어 있다는 것이다.

그러므로 요나서는 예언의 말씀을 전하려는 의도로 기록된 것이 아니라, 요나라는 예언자의 전기적인 내용을 통해 메시지를 전하려 했던 지혜 문학에 속한다는 주장도 있다.[20] 실제로 아모스, 호세아, 이사야나 예레미야, 에스겔 등에도 예언자의 전기가 들어 있으며, 역사서 부분에도 엘리야, 엘리사, 미가야, 그리고 무명의 예언자 전기에 이르기까지 예언자들에 관한 전기들이 포함되어 있다.

---

[19] A. 바이저, K. 엘리거, 『소예언서: 국제 성서 주석』 한국신학연구소 옮김 (서울: 한국신학연구소, 1985), 56.

[20] G. 포오러, 『구약성서 개론 (하)』, 방석종 옮김 (서울: 성광문화사, 1986), 339.

그러나 요나서는 전체적으로 전기 형식을 띠고 있다는 것이 주목된다.[21] 그래서 스튜어트(Douglas Stuart)는 요나서의 사건이 요나와 관련된 역사적 사건이며, 교훈으로 끝이 나기 때문에 요나서를 교훈적 예언 내러티브로 본다.[22]

요나서를 단순한 예언자의 전기나 후대의 저술, 혹은 편집으로만 간주하는 것은 문제가 있다. 유대인의 경전 타나크(TaNaK)나 헬라어역 70인역(LXX), 그리고 기독교 성경은 모두 요나서를 12 예언서의 하나로 간주하고 있다.[23]

특히, 유대인의 경전은 포로 후기에 기록된 경전들을 성문서로 구분하며, 사사 시대를 배경으로 하는 룻기를 성문서에 포함하고 있다. 이에 비해 포로 후기 시대의 어휘와 사상이 담겨 있다고 여겨지는 요나서는 예언서로 간주된다. 쿰란 사본과 같은 몇몇 사본도 요나서의 순서를 바꾸기는 하지만, 성문서로 분류하고 있지 않다.[24]

열왕기 본문도 요나를 실제 역사적 인물로 기술한다(왕하 14:25). 물론, 열왕기의 요나와 요나서의 요나가 다르다는 주장도 있지만, 이 둘이 서로 다른 인물이라는 명백한 증거도 없다.

---

21 강사문 외 3인, 『구약성서 개론』, 731.
22 더글라스 스튜어트, 『호세아·요나』, 435.
23 70인역은 마소라 본문과 달리 '호세아-아모스-미가-요엘-오바댜-요엘-요나'의 순서로 배치하고 있다. 하지만, 헬라어 역본인 '나할 헤베르 사본'(8HevXIIgr)은 마소라 본문의 순서에 따른다.
24 쿰란 사본 중 '4QXII^a(4Q76)'는 '스가랴-말라기-요나'의 순서로 배열하고 있다. 소선지서의 배열에 대해서는 Greg Coswell, "The Order of the Books in the Hebrew Bible", *JETS* 51 (2008), 673-688을 참조하라.

예언자들은 동시대의 청취자들을 대상으로 예언을 선포한다. 만일 요나서가 후대의 독자들을 대상으로 했다면, 요나서는 '사건 후 예언'(*vaticinium ex eventu*)과 같은 문학 작품이 될 수밖에 없다. 그러나 마소라, 70인역, 쿰란 사본 모두가 예외 없이 요나서를 예언서로 분류한다. 따라서 요나서의 예언은 열왕기서에 등장하는 요나와 같은 인물이라고 보아도 무방하다.[25]

때때로 역사서에 등장하는 예언자는, 문서 예언에 등장하기도 한다. 예를 들면, 역사서에서 활동하는 이사야의 모습(왕하 18:13-20:19)은 이사야 본문에도 등장하며(사 36:1-39:8), 역사서에 기록된 예레미야의 활동(왕하 24:18-25:21, 27-30)은 예레미야서에 기록되어 있다(렘 52:1-34; 40:7-9). 역사서와 예언서에 동시에 등장하는 예언자들은 같은 시대와 지역을 배경으로 활동하고 있다.

이에 비해, 열왕기에 등장하는 요나와 요나서에 등장하는 요나는 다른 지리적 배경에서 활동한다. 한쪽은 육지인 이스라엘이지만, 다른 한쪽은 바다와 외국이다. 이점은 요나서가 지닌 독특성이라 할 수 있다. 그러나 성경의 저자(혹은 편집자)가 이사야와 예레미야를 열왕기와 예언서에 평행본문으로 위치시킨 의도는 분명하다. 이들을 역사서에 등장시킴으로써, 이들이 가공의 인물이 아닌 역사적 인물임을 강조하기 위함이다.

---

25 정경의 관점으로 본 요나 예언서에 대해서는 E. Dyck, "Jonah among the Prophets: A Study in Canonical Context", *JETS* 33 (1990), 63-73을 참조하라.

이러한 의도는 요나서에도 적용될 수 있다고 본다. 따라서 본서는 요나서의 예언과 열왕기의 예언이 같은 시대의 예언임을 전제로 하고자 한다.[26]

3. 예언 문학으로서 요나서의 특징

요나서는 문서 예언서의 하나로서 요엘, 나훔, 하박국 그리고 말라기와 유사한 형식의 표제를 가지고 있으며, "여호와의 말씀이 요나에게 임하니라"(ויהי דבר־יהוה אל־יונה/바예히 드바르 아도나이 엘 요나, 1:1; 3:1)와 같은 전형적인 말씀 임재 문구를 포함한다.[27] 요나서에 사용된 말씀 임재 문구는 다른 예언서에도 등장한다. 하지만, 약간의 형식적

---

[26] 요나서의 요나와 열왕기의 요나를 다른 사람으로 보는 대표적인 이유는 니느웨와 관련되어 있다. 여로보암 2세 당시 니느웨는 앗수르의 수도도 아니었고 2만 명이 거주하고 삼 일길을 걸을 만큼 거대한 도시도 아니었다. 또 니느웨가 수도가 아니었기 때문에 니느웨 왕이라는 표현도 잘못된 것이며 이는 후대의 상황을 반영한 것이라고 한다. 따라서 니느웨의 멸망을 이미 알고 있었던 주전 3세기 전후의 무명의 저자가 전설처럼 내려온 요나를 차명하여 요나서를 기록하였다는 것이다. 여로보암 2세 당시 니느웨가 앗수르의 수도가 아니었음은 분명하다. 하지만, 니느웨는 당시 수도 못지않은 중요 도시 중 하나였으며 삼 일 길을 걷고 2만 명을 거느릴 위성도시들을 포함한 대도시였다. 또한, 니느웨의 왕도 앗수르의 왕이라는 의미보다는 니느웨를 다스리던 최고 직책을 가리켰을 수도 있다. 요나 당시 요나와 이스라엘 백성도 니느웨의 잔혹성을 알고 있었을 확률이 높다. 왜냐하면, 여로보암 2세 이전 시대에 앗수르로부터 여러 번 침공을 당했기 때문이다. 하지만, 요나가 니느웨에 파견된 당시의 상황이 이전 상황과 반드시 같다고 할 수는 없다. 주전 8세기의 앗수르의 역사적 상황은 본 논문의 다음 장들을 참조하라.

[27] Sasson, *Jonah*, 67.

차이가 있다.

첫째, 호세아, 요엘, 미가의 경우 -אל היה אשר דבר־יהוה (드바르-아도나이 아셰르 하야 엘 + 예언자 이름)의 형식을 사용한다.

둘째, 학개와 스가랴는 לאר ···אל־ דבר־יהוה היה ···ב (브 +[시간을 나타내는 용어들] ··· 하야 드바르-아도나이 엘 + 예언자 이름 ··· 레모르)의 형식을 사용한다.

요나서에는 설화나 이야기의 서두에 자주 나오는 '바예히'(ויהי)가 사용되었는데, 다른 예언서와 구분되는 특징이라 할 수 있다.[28] 이외에도 요나서는 다른 문서 예언서와 구별되는 몇 가지 특징을 가진다.

첫째, 요나서에는 예언을 선포하는 이유가 분명하게 설명되어 있지 않다. 다른 문서 예언의 경우, 왕이나 백성의 죄악을 자세히 기술하고, 이에 대한 하나님의 심판 선언을 기록한다. 특별히 예언서는 이방 민족에 대해 적대적이다. 왜냐하면, 이방 민족은 이스라엘처럼 하나님과 계약 관계에 있지 않기 때문이다. 그들은 선택된 백성인 이스라엘과 다른 기준으로 심판받는다. 예언서들은 이방의 적들이 심판받아야 할 이유를 다음과 같이 기술하고 있다.[29]

28　제임스 림버그, 『호세아-미가』, 강성열 옮김 (서울: 한국장로교출판사, 2004), 221.
29　Lowell K. Handy, "Of Captains and Kings: A Preliminary Socio-Historical Ap-

- 하나님에 대해 방자함
- 유다와 이스라엘을 공격하고 침략하거나 합병함
- 유다의 멸망을 기뻐함
- 이중성과 배신
- 우상 숭배와 신성 모독
- 동물을 학살함
- 주술
- 하나님의 소유를 도둑질함
- 다른 사람의 소유를 도둑질함
- 사람들을 모독하거나 유대 민족을 노예로 판매함
- 폭력을 위한 폭력
- 전쟁 중 잔혹 행위

하지만, 이러한 악한 행동은 니느웨와는 크게 상관이 없다. 물론, 요나서도 예언 선포의 계기가 된 '악독'(רעה/라아, 1:2)을 언급한다. 그러나 그 구체적인 목록은 기술되어 있지 않다.[30]

---

proach to Jonah," *BR* 49 (2004), 39-40.
30 스튜어트는 '라아'(רעה)를 '곤경', '재난' 혹은 '어려움'으로 번역할 수 있다고 주장한다. 그에 따르면 요나는 '라아'를 죄악보다는 재난에 따른 곤경으로 이해 했을 것이라고 한다. 스튜어트, 『호세아-요나』, 788. 치즈홀름은 '라아'를 도덕적 의미와 죄로부터 비롯되는 징계를 뜻하는 비도덕적 의미로 구분해 해석하고 있다. 치즈홀름, 『예언서 개론』, 624.

3장 8절은 악독의 원인을 '폭력'(חמס/하마스)이라고 기술하지만, 사례들을 열거하고 있지는 않다. 클라인즈(David J. A. Clines)의 조사에 따르면, 히브리 성서에는 폭력을 암시하는 어휘가 약 500개 사용되며, 폭력 행위가 10,033회 등장한다. 그리고 히브리 성서 각 장에 평균 6회 이상의 폭력 사건이 언급된다.

그는 폭력의 어휘를 크게 '괴롭힘', '살인', '타격', '부러뜨림', '압박', '찌름', '자름', '붙잡음', '삼킴', '쫓아냄', '성범죄', '뽑아냄', '싸움', '점유', '쫓아감', '눈멀게 함', '굶주리게 함', '떨어뜨림', '적으로 삼음', '벗겨 냄' 등으로 분류하고, 하위 분류에 폭력과 관련된 히브리어 단어를 배치하고 사용 빈도를 조사했다.[31]

그러나 요나서는 '폭력'의 목록을 기록하는 데 큰 관심이 없다. 왜냐하면, 요나의 예언은 폭력의 원인을 규명하기보다는 이로 인한 결과와 그 영향에 더 관심을 두고 있기 때문이다.

요나서와는 대조적으로, 구약은 폭력의 유형을 다양한 어휘로 표현한다. '나훔'은 니느웨의 악행을 상술하며 '피의 성읍'(עיר דמים/이르 담밈, 나 3:1)이라고 부른다. 그러나 이는 시기상으로 요나 시대의 니느웨의 상황과 같다고는 할 수 없다.[32]

---

31 David J. A. Clines, "The Ubiquitous Language of Violence in the Hebrew Bible", Jacques van Ruiten and K. van Bekkum (eds.), *Violence in the Hebrew Bible: Between Text and Reception* (Leiden: Brill, 2020), 23-41.

32 나훔이 언급한 니느웨는 산헤립이 재건한 수도를 말한다. 니느웨는 산헤립의 아들 에살핫돈과 아슈르바니팔의 시대를 거치며 고대 근동의 가장 강한 도시가 되었으며 당시 앗수르 왕들의 잔혹한 전쟁 범죄로 '피'의 상징이 되었다. 나

둘째, 요나서는 다른 문서 예언과 달리 예언보다는 예언자의 활동에 관심을 둔다. 다른 문서 예언이 신학적이라고 한다면, 요나서는 문학적이고 전기적이라 할 수 있다. 요나서의 형태는 구약성서의 비문서 예언자들의 예언과 유사점이 있다.

비문서 예언자들의 예언은 짧지만 그들의 전기(傳記)와 예언의 상황은 상당히 세밀하게 기술되어 있다. 예를 들면, 사무엘서에는 사무엘의 예언보다 그의 성격이나 특성을 알 수 있는 전기적 이야기로 가득하다. 엘리야와 엘리사 이야기(왕상 17장-왕하 9장)에서도 예언보다는 이들의 기적적인 활동을 보고하는 이야기들이 상세히 기록되었다.

마찬가지로 요나서도 예언보다는 요나라는 인물의 특징이나 성격에 관심이 많다. 그래서 요나라는 인물이 예언서를 이해하는 데 핵심 역할을 하게 한다. 요나서에 기술된 요나는, 전형적인 다른 예언자들과는 달리 반항적임에도 불구하고 성공적인 예언자로 그려진다.

한편, 열왕기에 기술된 요나 이야기(왕하 14:25-29)는 예언자의 권위보다는 예언에 초점을 맞춘다.

셋째, 요나서는 다른 문서 예언과 달리, 예언 본문 자체가 극히 짧다. 요나서는 네 장으로 구성되어 있지만, 예언 본문은 "사십 일이 지나면 니느웨가 무너지리라"(עוד ארבעים יום ונינוה נהפכת/오드 아르바임 욤

나훔의 예언에 대해서는 윤동녕, "나훔서에 등장하는 구원 신탁 요소들", 「구약논단」 46(2012), 151-76을 참조하라.

브니느베 네호파케트, 3:4)³³라는 한 문장뿐이다. "오드 아르바임 욤 브니느베 네호파케트"³⁴라는 요나의 예언은 접속사를 제외하면 다섯 개의 히브리어 단어로 구성되어 있다.

일반적으로 예언은 "주께서 이렇게 말씀하시니"와 같은 메신저 양식으로 시작하며, 이를 통해 예언의 주체가 하나님이심을 밝힌다. 그리고 예언 청취자들의 범죄가 지적되고 회개가 촉구된다. 그러나 요나의 예언에는 메신저 양식이 없으며, 니느웨의 죄악 고발이나 회개의 요청도 언급되지 않는다.³⁵

문서 예언에도 요나의 예언과 비슷한 형식의 예언들이 있다. 예를 들어, 학개 2장 6절의 "조금 있으면 내가 하늘과 땅과 바다와 육지를 진동시킬 것이요"라는 요나의 예언과 비슷한 어휘와 구조를 지닌다. 하지만, 학개의 예언은 7절 이후에 이어지는 예언의 서두로서, 예언의 전체 길이는 짧지 않다.

---

33 '오드 아르바임'(עוד ארבעים)만으로는 사십 일 이후인지 사십 일 이내인지를 알 수 없다. 타르굼(Targum)은 *bswp to 'rb'yn ywmyn* (사십 일이 끝난 후)라는 문구를 삽입해 기간을 명확히 밝히고 있다. Sasson, *Jonah*, 234.

34 70인역은 사십 일을 삼 일로 번역하고 있다. 아마도 물고기 뱃속의 삼 일(1:17)이나 삼 일 길(3:3)과 보조를 맞추기 위해서일 것이다. 하지만, 구약에서 사십 일은 장시간을 나타내는 표현이다. 노아의 홍수는 사십 주야 지속되었고 모세는 시내산에서 사십 주야 머물렀다. 히브리 역본인 '와디 무라바트 사본'(Wadi Muraba'at, Mur88)과 헬라어 역본인 '나할 헤베르 사본'(Nahal Hever, 8HevXI-lgr)도 사십 일로 기록하고 있다.

35 요나서의 심판 선언 양식과 다른 예언서의 심판 선언 양식과의 비교 연구는 강철구, "심판 선언 양식을 통해 본 니느웨에 대한 요나의 숨은 의도", 「구약논단」 73 (2019), 130-57을 참조하라.

따라서 요나의 짧은 예언은 다른 문서 예언서에서 찾아볼 수 없는 독특한 특징이라 할 수 있다. 로레츠(Oswald Loretz)는 고대 근동의 예언 문서들을 연구한 이후, 위기 상황에서는 긴 문장보다 몇 줄로 된 짧은 예언이 효과적이었을 것이라고 주장했다. 그는 구약의 예언도 원래 짧았을 것이며, 후대의 편집자들이 단문 형태의 예언을 장문의 예언서로 편집했을 것이라고 주장한다.[36]

문서 예언은 예언의 독자나 청취자를 설득하기 위해 정밀한 수사학적 장치를 사용한다. 베스터만(Claus Westermann)이나 마일렌버그(James Muilenberg)와 같은 학자들은 예언서에 사용된 다양한 양식과 문학 장치들을 분석하며, 예언자들이 얼마나 효과적으로 예언을 선포했는지를 잘 보여 주었다.[37]

하지만, 아이러니하게도 호소력이 강한 예언자들의 선포는 발화 당시 큰 효력을 미친 것 같지 않다. 아모스는 예언의 현장에서 쫓겨났으며(암 7:10-13), 아하스왕은 하나님을 의지하라는 이사야의 예언에 귀 기울이지 않았다(사 7:10-12), 또한, 예레미야는 백성으로부터 외면을 당했다(렘 20:8-9).

---

[36] Oswald Loretz, "Die Entstehung des Amos-Buches im Licht der Prophetien aus Mari, Assur, Ishchali und der Ugarit-Texte: Paradigmenwechsel in der Prophetenbuchforschung," *UF* 24 (1992), 186-87.

[37] Claus Westermann, *Basic Forms of Prophetic Speech* (London: Lutterworth, 1967); James Muilenburg, "Form Criticism and Beyond," *JBL* 88 (1969), 1-18.

그러나 요나가 예언을 선포했을 때, 백성과 왕이 즉각적으로 회개했으며, 심지어 가축들도 회개의 대열에 동참했다. 이러한 현상은 다른 문서 예언서에서 찾아보기 힘들다.

4. 요나서에 반영된 역사적 상황

열왕기하 14장 25절에서 요나는 여로보암 2세의 죄악에도 불구하고, 이스라엘이 전쟁에서 승리하여 예전의 영토를 회복할 것을 예언했다. 그 결과, 여로보암은 하맛 어귀에서부터 아라바 바다까지 회복했다. 아라바 바다가 "버드나무 시내"(사 15:7)나 "소금 골짜기"(왕하 14:7)를 가리킨다면, 여로보암은 모압을 정복하고 왕의 대로 전체를 장악했을 것이다.[38]

여로보암의 성공에 대한 아모스의 부정적 언급은, 당시의 풍요가 역사적 사실임을 뒷받침한다(암 6:13-14).[39] 사마리아에서 발견된 세

---

[38] Donald J. Wiseman, *1 and 2 Kings. An Introduction and Commentary* (Downers Grove: IVP Academic, 1993), 265.

[39] 아모스 6장 13절의 "허무한 것"과 "뿔들"은 공동번역과 새번역처럼 각기 '로드발'(Lo-Debar)과 '카(가)르나임'(Karnaim)을 가리키는 지명으로 번역될 수 있다. 로드발은 요단강 동편의 길르앗에 위치했으며 야르묵강 북쪽의 마하나임에 가까운 성읍으로서(수 13:24-28) 마길의 집이 위치한 곳이다(삼하 9:4-5). 카르나임은 고대 아스다롯 가르나임과 같은 곳으로 추정되며(창 14:5) 요단강 동편의 바산 땅에 위치한 성읍이다. Diana V. Edelman, "Lo-Debar (Place)," *ABD* 4, 345-346; Michael C. Astour, "Ashteroth-Karnaim (Place)," *ABD* 1, 491. 참고. Paul L. Redditt, "Carnaim (Place)," *ABD* 1, 876.

금 공제를 기록한 오스트라카(ostraca)는 당시의 부유한 경제적 상황을 잘 반영하고 있다.⁴⁰ 경제력이 향상되자 궁중의 수입도 자연히 증가했고, 군사적으로도 안정되었다. 열왕기하 14장 25-29절에 기록된 여로보암 2세 시대의 상황을 근거할 때, 요나의 활동 시기는 주전 770-750년경으로 추정된다.

이 시기는 앗수르의 침체기(주전 783-745년)에 해당하며, '약한 통치자, 강한 관리들'의 시대였다.⁴¹ 이 시기는 살만에셀 4세(주전 782-773년), 앗수르단 3세(주전 772-755년), 그리고 앗수르-니라리 5세(주전 754-745년)의 통치기로서, 당시 앗수르는 주적(主敵)이었던 우라르투(Urartu)와의 거듭된 전쟁(주전 781-778, 776, 774년)으로 제국이 불안정했다.⁴² 또한, 북동쪽에 있는 아랍 국가들의 압박을 받고 있었으며, 지속적인 방어가 필요했다.

이 시기에 구약의 이스라엘 왕 여로보암 2세와 유다의 웃시야는 이전에 잃어버렸던 영토를 되찾았다. 반 드 미에룹(Marc Van De Mieroop)은 당시 앗수르의 상황을 다음과 같이 설명한다.

---

40   *ANET*, 321. 사마리아 오스트라카에 대한 다양한 평가에 대해서는 Hermann Michael Niemann, "A New Look at the Samaria Ostraca: The King-Clan Relationship," *Tel Aviv* 35 (2008), 249-66을 참조하라.
41   레스터 L. 그래비, 『고대 이스라엘 역사 (B.C. 2,000년경~B.C. 539년)』, 류광현, 김성천 옮김 (서울: CLC, 2012), 228. 원제는 Lester L. Grabbe, *Ancient Israel: What Do We Know and How Do We Know It?* (London: T&T Clark, 2007).
42   A. K. Grayson, "Assyria: Ashur-dan II to Ashur-Nirrari V (934-745 B.C.)," John Boardman et al. (eds.), *The Cambridge Ancient History. Volume 3 Part 1: The Prehistory of the Balkans; and the Middle East and the Aegean World, Tenth to Eighth Century B.C.* (Cambridge: Cambridge University Press, 1982), 276.

> 8세기 초반에 앗수르는 해외 원정의 능력을 상실했고 내부적으로는 왕이 행사할 권력이 지방 관료들에게 찬탈당했다. 지방 총독들은 왕에게 형식적인 충성을 다했지만, 상당한 자율성을 가지고 행동할 수 있었다. … 8세기 초의 앗수르 왕들은 그다지 강력한 군사 지도자들이 아니었고 주변국에 대한 영향도 9세기보다 훨씬 줄어들었다. … 마지막으로 762년부터 759년 사이에 고대 수도 앗수르를 포함한 많은 도시들이 왕의 권력에 반기를 들었다.[43]

이 시기는 앗수르단 3세(Ashur-dan III)의 통치기로서, 앗수르제국이 힘을 잃고 위기에 처한 시대였다.[44] 앗수르단 3세 시대의 '림무'(limmu 혹은 līmu)[45] 연대기에 따르면, 그의 통치기에 전염병(mūtānu)이 2

---

43 마르크 반 드 미에롭, 『고대 근동 역사 –BC 3,000년경~323년–』, 김구원 옮김 (서울: CLC, 2018), 360. 원제는 Marc Van De Mieroop, *A History of the Ancient Near East*, 2nd ed. (Oxford: Blackwell, 2007). W. W. Hallo, "From Qarqar to Charchemish", *The Biblical Archaelogist* 23 (1960), 46.

44 앗수르단 3세는 아다드-니라리 3세의 아들로서 주전 772년부터 755년까지 통치하였다. 그의 시대에는 왕권이 축소되었는데, 샴쉬-일루(Shamshi-ilu)라고 하는 군 지휘관(*turtānu*)의 영향력이 강대했기 때문이다. 주전 755년 앗수르-니라리 5세가 왕권을 이어받기 전까지 앗수르단 3세는 각종 재난과 반역, 그리고 고위 귀족들의 득세로 고통을 당하여야 했다. Grayson, "Assyria," 276.

45 '리무'(līmu) 혹은 '림무'(limmu)는 어떤 직책의 복무연대(eponymy, a year of office)를 말한다. *CAD* L, 194-197. 앗수르에서 림무 연대기는 주전 20세기부터 사용되었으며 '*limum* 사람 이름'의 형식으로 기록되었다. 이 연대기는 행정 자료의 연대를 기록하는 데 사용되었다. Shigeo Yamada, "Neo-Assyrian Eponym Lists and Eponym Chronicles: Contents, Stylistic Variants and Their Historical-Ideological Background", S. Fink and R. Rollinger (eds.), *Conceptualizing Past, Present and Future: Proceedings of the Ninth Symposium of the Melammu Project*

회(주전 765년, 759년), 반역(sīḫu)이 4회(주전 762년, 761년, 760년, 759년) 발생했다.[46] 이런 일들로 왕은 출정하지 못했고, 이 때문에 "그 땅에 머물렀다"라는 문구가 림무 연대기에 자주 등장한다.

퍼거슨(Paul Ferguson)은 당시 잦은 반역으로 인해 니느웨에는 왕의 권력이 충분히 미치지 못했고, 지방 성읍의 고위 귀족들이 권력을 공유했다고 한다.[47] 이 때문에 왕이 발행하는 비문의 양이 줄어들었고, 귀족들이 왕을 대신해 비문을 세우기도 했다.[48]

할로(W. W. Hallo)는 앗수르의 침체기에 대한 기억이 요나서에 반영되었을 것이라고 주장한다. 그는 이 시대를 "메마른 40년"(forty lean years)이라고 부르며 당시의 국제적 상황과 요나서와 관계를 다음과 같이 설명한다.

> 아마도 이스라엘의 전승은 니느웨가 거의 무너졌다는 전설을 여로보암 2세와 동시대 예언자인 요나에게 연결하거나, 반대로 전

Held in Helsinki/Tartu May 18-24, 2015 (Münster: Ugarit-Verlag, 2018), 76.
46 Jean-Jacques Classner, *Mesopotamian Chronicles* (WAW 19; Atlanta: SBL, 2004), 171. http://oracc.museum.upenn.edu/saao/saas2/pager (2023년 7월 20일 접속)
47 Paul Ferguson, "Who Was the 'King of Nineveh' in Jonah 3:6?" *TynB* 47 (1996), 301-14.
48 앗수르의 침체기에 왕이 아님에도 불구하고 비문을 세운 귀족들은 칼라(Calah)의 주지사였던 벨-타르찌-일루마(Bēl-tarṣi-iluma), 라짜파(Raṣappa)의 주지사였던 네르갈-에레쉬(Nergal-eresh), 그리고 림무 연대기에 군 총사령관(*turtānu*)으로 기재되어 있는 샴쉬-일루(Shamshi-ilu)이다. 특히, 이 중에서 샴쉬-일루는 780년 살만에셀 4세, 770년 아슈르단 3세, 그리고 752년 아슈르-니라리 5세의 3대에 걸쳐 총사령관의 직책을 가진 자로 기록되어 있다. Paul J. N. Lawrence, "Assyrian Nobles and the Book of Jonah", *TynB* 37 (1986), 121-32.

설적인 요나를 여로보암의 통치 기간(왕하 14:25)에 할당함으로써 이 메마른 40년에 대한 기억을 반영했을 것이다.[49]

요나가 니느웨에 갔던 시기는 앗수르의 국가적 격변기였다. 구약 학자인 유진 메릴(Eugene H. Merrill)은 이 시대에 대해 다음과 같이 말한다.

> 이러한 연대기적 한계를 고려할 때, 요나가 니느웨로 선교했을 가능성이 가장 큰 시기는 앗수르단 3세(Assur-dan III, BC 772-755년)의 통치 기간이다 … [정치적 격변기에] 전염병과 기근이 반복적으로 닥쳐 제국은 가난하고 완전히 무질서한 상태로 남게 되었다. 이 시기는 요나가 심판의 메시지와 이스라엘 하나님의 보편적 구속 프로그램에 대한 메시지를 전하기에 이상적인 시기였을 것이다. 앗수르의 만신전(pantheon)과 그들의 종교는 비참하게 실패했다.[50]

메릴은 요나가 니느웨를 방문했을 당시 앗수르는 약한 제국이었으며, 반복적인 전염병과 기근으로, 가난하고 무질서했다고 평가한다.

49　Hallo, "From Qarqar to Charchemish," 46.
50　Eugene H. Merrill, *Kingdom of Priests: A History of Old Testament Israel* (Grand Rapids: Zondervan, 1987), 388.

요나서는 앗수르나 앗수르제국이라는 용어도 사용하지 않으며 또한, 의도적으로 '앗수르의 왕'이라는 칭호를 사용하지 않고 있다. '니느웨의 왕'(מלך נינוה/멜렉 니느베, 욘 3:6)이라는 호칭은 요나 3장 6절에만 등장한다. 보통은 앗수르의 왕이라는 칭호가 쓰이며, 열왕기하 18-20장에서는 30회 정도 등장한다.

아마도 '니느웨 왕'과 가장 가까운 구약의 병행 어구는 열왕기상 21장 1절에서 발견될 것이다. 여기서 아합은, 다른 곳에서 자신을 지칭하는 데 사용된 칭호인 '이스라엘 왕'과는 대조적 표현인 '사마리아 왕'(מלך שמרון/멜레크 쇼므론)으로 불린다. 만약 아합이 구약에서 '사마리아 왕'이라고 불릴 수 있다면, 앗수르단 3세(Assur-dan III)가 요나 3장 6절에서 '니느웨 왕'이라고 불리는 것은 큰 문제가 되지 않을 것이다.

이야기가 제국 전체보다는 니느웨에 초점이 맞추어져 있다는 단순한 이유로, 요나서의 화자는 '앗수르 왕'(מלך-אשור/멜레크 앗수르) 대신 '니느웨 왕'이라는 어구를 선택했을 개연성이 충분히 있다.[51]

북서 셈어족에서 보통 도시명과 연계해서 등장하는 '왕'(*mlk*)은 한 나라의 왕보다는 한 지역의 총독(governor)을 의미했다. 아람어 *mlk*는 일반적으로 총독을 뜻하는 앗수르어 '샤킨'(*shakin*)으로 번역된다.[52] 아마도 요나 당시 북이스라엘이 아람의 영향을 받고 있었기 때문일

---

51 더글라스 스튜어트, 『호세아-요나』, 775-776.
52 Paul Ferguson, "Who Was the 'King of Nineveh' in Jonah 3:6?" *TynB* 47 (1996), 303.

것이다. 따라서 당시 앗수르의 왕이 니느웨가 아닌 칼라(Kalah)에 있었다는 주장은 무시해도 좋을 듯하다. 또한, 주전 763년 이후 수 십년간 반역이 자주 일어나 진짜 왕이 누구였는지도 불분명하다.

요나의 메시지에 격렬하게 반응했던 니느웨의 왕은 앗수르단 3세 혹은 주전 8세기의 디글랏-빌레셀 3세 이전의 약한 선조 왕 중 하나였을 것이다. 군사적 침략들, 왕에게 비우호적인 징조들, 그리고 반란 등으로 충격과 위협을 받은 왕은, 요나의 메시지를 신의 명령으로 간주하고, 그 권위를 인정했을 것이다.

그의 통치기에 재앙 가능성이 매우 높았기 때문에, 공포에 사로잡힌 니느웨 백성은 요나의 외침에 즉각적으로 반응했을 것이다. 그리고 지위와 권위가 실추되었던 왕은 백성의 반응에 호응하지 않을 수 없었을 것이다.[53]

요나가 활동하던 여로보암 2세 때, 앗수르는 여러 가지 상황으로, 팔레스타인까지 영향력을 행사할 능력이 없었다.[54] 그러나 앗수르는 이스라엘의 주적(主敵)이었던 아람을 지속적으로 괴롭혔다. 773년에 다메섹을, 772년, 765년, 755년에는 하드락을, 754년에 아르파드(Arpad)를 잇달아 공격했다.[55] 연속적인 앗수르의 서방 원정과 북쪽

---

[53] 더글라스 스튜어트, 『호세아-요나』, 849.
[54] 열왕기는 사마리아를 공격한 사르곤의 사건은 알지 못하는 것으로 보인다. 이에 대해서는 N. Na'aman, "The Contribution of Royal Inscriptions for a Reevaluation of the Book of Kings as a Historical Source," *JSOT* 82 (1999), 11-12를 참조하라.
[55] Mordechai Cogan, Hayim Tadmor, *II Kings* (Anchor Bible 11; New York: Doubleday, 1988), 163.

경계를 맞대고 새롭게 부상한 하맛(Hamath) 왕국의 위협으로, 다메섹은 더 이상 이스라엘을 간섭할 여력이 없었다.

열왕기하 13장 5절은 여호아하스왕 때 아람이 이스라엘을 공격하자 하나님께서 구원자(מושיע/모쉬아)를 보내셔서 아람의 손에서 벗어나게 하였다고 증언한다. 본문이 말하는 "구원자"는 앗수르일 것이다.[56] 그래서 앗수르는 이스라엘의 간접적 지원군이며, 아람을 공격하기 위한 그림자 동맹군이라 할 수 있다.[57]

5. 요나서의 문학적 구조

양식비평에 따르면 요나서는 산문(1, 3, 4장)과 시문(2장)의 두 가지 장르로 구성된 책이며, 각 장르의 삶의 정황도 다르다. 특히, 2장은

---

[56] "구원자"(מושיע)가 앗수르의 어떤 왕을 가리키는지는 분명치 않다. 어떤 학자들은 아다드-니라리 3세를 가리키고 있다고 생각한다. 아다드-니라리 3세는 주전 805년과 796년에 아람을 공격해 다메섹으로부터 조공을 받았다. 이희학, 『북이스라엘의 역사와 종교』(서울: 프리칭 아카데미, 2009), 169. 한편, '구원자'(왕하 13:5)를 여로보암 2세로 보는 견해도 있다. 이 경우 이스라엘의 구원자로 파송된 여로보암 2세는 아람의 학대로부터 이스라엘을 구원할 것이다. Cogan, Tadmor, *II Kings*, 162.

[57] Ben Zvi, *Signs of Jonah*, 52. 특별히 각주 38을 참조하라. 열왕기가 언급하고 있는 앗수르의 아람 공격은 아다드-니라리 3세의 서방 원정을 염두에 둔 것으로 보인다. 한편, 아람은 주전 752-745년에 다시 다메섹의 르신의 주도로 팔레스타인을 지배할 수 있었다(왕하 15:37; 16:16). 코간과 타드모는 아람의 세력을 다메섹으로 한정하려는 정치적인 이해를 이스라엘과 앗수르가 암묵적으로 공유했다고 주장한다. Cogan, Tadmor, *II Kings*, 163.

요나서 이야기 전체 흐름을 단절시키기 때문에 후대 편집자가 삽입했을 것으로 추정된다.

자료비평도 요나서의 통일성을 거부한다. 자료비평 학자들에 따르면 요나서에는 야웨와 엘로힘이라는 두 가지 신명을 사용하는 자료들이 결합되어 있으며, 각 신명은 고유의 신학과 사상을 대변한다고 주장한다.

하지만, 성서를 비롯한 고대 문헌에서 산문과 시문의 혼합은 일반적이다. 예를 들면, 함무라비 법전은 산문과 시문이 혼합되어 있고, 수메르의 〈이난나 신화〉(Inanna's Descent to the Nether World)도 같은 구조를 지닌다. 이들 문헌에는 다수의 신명이 등장하며, 한 신이 여러 이름으로 불리는 경우도 자주 있다.

필리스 트리블(Phyllis Trible)은 요나서를 수사비평적 시각으로 읽으며, 그 통일성을 강조한다. 그는 요나서가 청중을 가르치려는 지적인 목적, 감동시키려는 정서적 목적, 주의를 끌려는 심미적 목적으로 기술되었다고 주장한다.[58] 트리블에 따르면, 직접적인 청중은 요나이고 간접적인 청중은 요나서의 독자이다. 하나님께서 요나와 독자를 가르치기 위해 다양한 수사적 기법을 동원하고 있다고 본다.

트리블이 제시한 요나서의 문학적 구조는 다음과 같다.

---

58 필리스 트리블, 『수사비평』, 유연희 옮김 (고양: 한국기독연구소, 2007), 21.

제1막: 요나 1-2장	제2막: 요나 3-4장
1. 요나에게 내린 야웨의 말씀(1:1)	1. 요나에게 내린 야웨의 말씀(3:1)
2. 말씀의 내용(1:2)	2. 말씀의 내용(3:2)
3. 요나의 반응(1:3)	3. 요나의 반응(3:3-4a)
4. 임박한 재난 보고(1:4)	4. 임박한 재난 예언(3:4b)
5. 임박한 재난에 대한 반응(1:5)	5. 임박한 재난에 대한 반응(3:5)
선원들의 반응	니느웨 사람들의 반응
요나의 반응	
6. 배의 선장(1:6)	6. 니느웨 왕(3:6-9)
재난을 막으려는 시도	재난을 막으려는 시도
*행동으로	*행동으로
*요나의 말로	*니느웨 사람들에게 말해서
*희망으로(혹시)	*희망으로(누가 알겠느냐)
7. 선원들과 요나(1:7-15)	7. 니느웨 사람들과 하나님(3:10)
선원들의 행동과 결과(1:7cd)	니느웨 사람들의 행동(3:10ab)
선원들의 질문(1:8)	
요나의 대답(1:9)	
선원들의 반응(1:10)	
선원들의 질문(1:11)	
요나의 대답(1:12)	
선원들의 행동(1:13)	
선원들의 기도(1:14)	
선원들의 행동(1:15ab)	
결과: 재난을 막음(1:15c)	결과: 재난을 막음(3:10cd)

8. 선원들의 반응(1:16)	8. 요나의 반응(4:1)
9. 야웨와 요나(2:1-11)	9. 야웨와 요나(4:2-11)
야웨의 행동과 결과(2:1)	
요나의 기도(2:2-10)	요나의 기도(4:2-3)
	야웨의 질문(4:4)
	요나의 행동(4:5)
야웨의 반응과 결과	야웨의 반응과 결과
*말씀으로(2:11a)	
*자연으로: 물고기(2:11b)	*자연으로: 식물(4:6abcd)
	요나의 반응(4:6e)
	야웨의 반응과 결과(4:7)
	*자연으로: 벌레(4:7)
	태양과 바람(4:8abc)
	요나의 반응(4:8d)
	야웨의 질문(4:9a)
	요나의 반응(4:9b)
	야웨의 질문(4:10-11)

트리블은 요나서를 크게 1-2장과 3-4장으로 구분하는데, 이는 요나서 1장과 3장의 서두에 공통적으로 반복되는 문구들이 다수 등장하기 때문이다. 3장 1절은 1장 1절을 거의 똑같이 반복하는데, '쉐니트'(שנית/두 번째로)라는 표현을 첨가하여 3장이 1장과 연결되면서도 분리된 장임을 독자에게 알려 준다.

또한, 3장 2절은 1장 2절을 거의 대부분 반복하며, 3장 3절의 첫 두 단어는 1장 3절을 반복한다. 두 부분 모두에서 '일어나라', '가라', '외쳐라'라는 야웨의 말씀이 공통적으로 등장하고, 줄거리도 이 명령에 따라 이어진다.[59]

제1막: 요나 1-2장			제2막: 요나 3-4장		
			3:1	שנית(쉐니트)	'두 번째로'
1:2	קום לך(쿰 레크)	'일어나 가라'	3:2	קום לך(쿰 레크)	'일어나 가라'
1:2	ויקרא(케라)	'외쳐라'	3:2	ויקרא(케라)	'외쳐라'
1:4	רוח־גדולה(루아흐 게돌라)	'큰 바람'			
1:4	סער־גדול(싸아르 가돌)	'큰 폭풍'			
1:4	להשבר(러히샤바르)	'깨어지다'	3:4	הפך(하파크)	'무너지다'

---

59 필리스 트리블,『수사비평』, 168. 욘 1:1-3a와 3:1-3a 사이의 대구법에 대해 부여하는 중요성은 주석가에 따라 다르다. 알렌은 그것을 강조하지만(*The Books of Joel, Obadiah, Jonah, and Micah*, 197) 새슨은 중요시하지 않는다(*Jonah*, 225-57).

요나서의 두 부분은 어구와 문체만 유사한 것이 아니다. 큰 바람이 불러일으킨 자연재해에 대한 반응과 니느웨에 선포된 예언에 대한 반응 역시 유사하다.[60]

	제1막: 요나 1-2장	제2막: 요나 3-4장
선원들과 니느웨 사람들의 반응	1:5 ירא(야레) '두려워하다'	3:5 אמן(아만) '믿다'
	1:5 זעק(자아크) '부르짖다' (엘로힘께 부르짖어야 살아날 수 있다)	3:5 קרא(카라) '금식을 선포하다'
	1:5 טול(툴) '던지다' (물건을 던져야 살아날 수 있다)	3:5 לבש(라바쉬) '입다'
요나의 반응	1:5 ירד(야라드) '내려가다' 1:5 רדם(라담) '깊은 잠이 들다' *비대칭: 요나는 선장과 선원들과 반대로 행동한다.	

선원들은 두려워하며 외쳤고, 물건들을 바다에 던졌다(1:5). 요나의 예언에 대해 니느웨 사람들은 믿고, 하나님을 부르며, 옷을 입었다(3:5). 양쪽에 사용된 동사들은 다르지만, 숫자와 종류면에서는 같다. 두려움과 믿음은 내적 반응이며, 외침과 부르짖음은 호소의 표현

---

60 필리스 트리블, 『수사비평』, 169.

이고, 던지고 입는 동작은 외적 행동을 나타낸다.

여기에서 선원들과 니느웨 사람들의 신앙의 순수성이 잘 표현되고 있다. 그들은 자신들에게 닥친 재난을 신앙에 의지하여 극복하려는 보편적인 반응을 보인다.

이들과 대조적으로 요나는 배 밑층에 내려가서 자고 있었다(1:5b).

선장과 니느웨 왕의 반응도 요나서의 통일성을 지지한다. 이들은 여러 동작 동사의 주어로 등장하며, 사용된 동사는 다르지만, 지도자의 위치로서의 표현 방식에는 비슷한 점이 있다.[61]

	제1막: 요나 1-2장	제2막: 요나 3-4장
선장과 니느웨 왕의 반응	1:6 קרב(카라브) '접근하다'	3:6 נגע(나가) '도달했다'(소문이)
	1:6 קום(쿰) '일어나다'	3:6 קום(쿰) '일어나다'
	1:6 קרא(카라) '구하라' (אלהים/엘로힘에게)	3:6 עבר(아바르) '지나가게 하다' '(옷을)벗다'
		3:6 ישב(야사브) '앉다'
	1:6 אמר(아마르) '말하다'(선장이)	3:7 אמר(아마르) '말하다'(니느웨 왕이)
	1:6 אולי(울라이) '혹시'	3:9 מי־יודע(미 요데아) '누가 알겠느냐'
	1:6 לא נאבד(로 노베드) '우리는 망하지 않는다'	3:9 לא נאבד(로 노베드) '우리는 멸망치 않는다'

---

61 필리스 트리블, 『수사비평』, 170.

선장과 왕에게 사용된 동사나 문장의 길이, 그리고 이들의 말의 유형과 결론은 다르지만, 주제와 어휘, 구문은 비슷하다. 두 대사는 구원을 예상하지만, 보장하지는 않는 수사학적 표현으로 나란히 시작한다. 선장이 '아마도'(אולי/울라이)라고 '말하고'(אמר/아마르), 왕이 '누가 압니까'(מי-יודע/미 요데아)라고 말한다(אמר/아마르).[62]

그런 다음에 동사는 다르지만 같은 주어가 나온다. 선장이 "아마도 생각할-것입니다 신(האלהים/하엘로힘)이 우리에게"라고 말한다. 왕이 "누가 압니까 돌이키고 회개할지 신(האלהים/하엘로힘)이"라고 말한다. 같은 단어가 대사를 끝맺는다.

선장이 "그리고 우리는 멸망하지 않을 것이다"(ולא נאבד/로 노베드)라고 말한다. 왕이 "그리고 우리는 멸망하지 않을 것이다"(ולא נאבד/로 노베드)라고 말한다. 두 이방 지도자는 희망의 신학을 선포한다. 책의 디자인에 나타난 이 병렬은 대칭 속에 들어 있는 비대칭을 드러낸다.[63]

희망의 신학은 요나서가 강조하는 엘로힘의 메시지다. '절망에서 희망으로'는 혼돈의 무질서에서 평안의 질서를 추구하는 창조신학과도 일맥상통한다. 하나님은 그 누구도 멸망 당하는 것을 원치 않으신다. 언제나 모두가 잘되길 원하시며, 설사 어떤 잘못으로 멸망의

---

[62] 제임스 크렌쇼(James L. Crenshaw)는 "The Expression MI YODEA in the Hebrew Bible," *VT* 36 (1986), 274-88에서 이 질문이 열 군데에서 수사학적 가치를 보인다고 설명한다.

[63] 필리스 트리블, 『수사비평』, 170.

길로 향하게 될 경우에도 속히 그 길에서 돌이키길 간절히 원하시며 그렇게 되도록 많은 일을 하신다.

3장 9a절의 하나님이 자신의 '뜻을 돌이킨다'에 사용된 동사는 의미가 있다. 하나님이 뜻을 돌이키는 것은 인간의 상상을 초월한다. 하나님은 항상 옳고 그가 정한 뜻은 항상 이뤄진다. '돌이키다'의 동사는 3장 10b절에도 나온다. 이는 희망의 메시지로 "너희가 돌이키면 나도 돌이킨다"의 대칭적인 메시지다.

한편, '멸망하다'(אבד/아바드)라는 동사가 2회 더 나와서 대칭의 의미를 더 강조한다(1:14; 4:10). '멸망하다'라는 문구는 직접 화법에만 나온다. 선장과 선원들, 왕과 야웨는 이 말을 사용하는 반면, 요나는 절대 쓰지 않는다. 그 대신 요나는 다른 인물들이 절대 쓰지 않는 '죽다'라는 말을 쓴다.

특히, 동사 '멸망하다'(אבד/아바드)가 '아니'(לא/로)라는 부정 부사와 3회 함께 쓰여, 희망과 탄원을 나타낸다.[64] 이는 멸망하지 않기를 간절히 바라는 선장과 선원, 니느웨 사람들의 마음 상태를 잘 보여준다. 희망과 돌이킴의 반대는 절망, 또는 죽음과 완고함이다. 여전히 요나는 독자의 기대에 부응하고 있다. 그는 죽기까지라도 엘로힘보다 옳다고 외친다.

---

64 필리스 트리블, 『수사비평』, 170.

바다의 재난에 대처하는 선원들(1:7-15)과 요나의 예언에 대처하는 니느웨 사람들(3:10)의 결과도 비교가 된다. 선원들이 요나를 바다에 던지자 재앙이 멈췄다. 이와 비슷하게, 니느웨 사람들이 회개했을 때 재앙이 내리지 않게 되었다.[65]

요나 1장	요나 3장
	3:10　שׁוב(슈브) '회개하다'
1:15　טול(툴) (요나를) '던지다'	3:10　שׁוב(슈브) (그들이) '돌이키다'
	3:10　נחם(나함) '동정심을 가지시다' '후회하다'
1:15　עמד(아마드) (재앙이) '멈추다'	3:10　לא עשה(로 아사) '(재앙) 내리지 않다'

1장 15절에서 재앙의 근원인 요나를 바다에 던지자, 큰 바람과 큰 폭풍이 멈추고 뛰노는 바다가 잠잠해진다. 이는 3장 10절에서 니느웨 사람들이 악한 길에서 돌이켜 재앙이 멈추는 것과 대칭을 이룬다. 여기서 중요한 것은 재난을 피한 것이다. 하지만, 이 둘 간의 차이도 분명하다. 3장에서는 '돌이킴'이 '재난'을 막았지만, 1장에서는 요나

65　필리스 트리블, 『수사비평』, 171.

의 희생으로 재난을 돌이킨다.

1장과 3장에 문체와 사상의 유사점이 있다면, 2장과 4장은 신학적 유사점이 있다. 2장에는 '마나'(מנה/지명하다)라는 단어가 1회(2:1) 등장하고, 4장에는 3회 등장한다(4:6, 7, 8). 이 동사의 주어는 매번 하나님이고 대상은 자연물이다.[66] 2장에서는 하나님께서 물고기를 지명하시고 4장에서는 식물, 벌레, 바람을 지명하신다.

2장과 4장의 주요 사상은 창조신학의 보편성이다. 하나님께서는 인간 세계만 다스리는 것이 아니라 자연 세계를 통치하시는 분이시다. 요나를 지명하여 니느웨로 파견하신 하나님은, 큰 물고기를 지명하여 그의 단절된 사명을 지속하도록 하신다. 또한, 식물, 벌레, 바람을 지명하여, 그들을 통해 요나에게 하나님의 목적이 무엇인지를 가르치신다.

6. 요나서의 주요 내용

요나서는 4장으로 구성된 짧은 책이지만 구성은 단순하지 않다. 산문과 시문이 혼합되어 있고, 예언적 요소와 전기적 요소가 결합되어 있다. 공간적으로도 육지와 바다, 그리고 물고기 뱃속과 깊은 바다, 이스라엘 항구와 니느웨성처럼 배경이 다채롭고, 주요 등장 인물

---

[66] 필리스 트리블, 『수사비평』, 172.

의 직업과 배경도 다양하다.

여기서는 본서를 기술하는 데 도움이 될 자료를 중심으로 요약하고자 한다.

1) 요나의 도주

요나는 니느웨에 가서 하나님의 말씀을 전하라는 명령에 순종하지 않고, 욥바항에 내려가 다시스로 가는 배를 탔다. 요나가 떠나기로 선택한 항구는 욥바(Joppa)였다. 욥바는 북쪽에 있는 도르(Dor)와 같은 항구보다는 남쪽에 있었으며, 사마리아에 가까운 항구 도시였다. 이런 사실은 야웨의 말씀이 요나에게 임했을 때, 그는 남쪽-중앙 이스라엘 그 어느 곳에 있었을 것으로 추정하게 한다.[67]

욥바는 주전 14세기 초반부의 〈아마르나 서신〉(Amarna Letters)에서 '야푸'(Yapu)라는 이름으로 등장하며, 팔레스타인 해안의 작은 항구 도시였다. 욥바는 주전 148년경 요나단의 통치기(참조. 마카비일서 10:76)를 제외하면, 이스라엘이 지배권을 행사한 적이 없었다.

비록 욥바는 이스라엘의 영역이었지만, 항구의 운영은 두로나 시돈 사람들이 주도했다. 따라서 요나는 그가 만날지도 모르는 사람들과, 그가 삯을 주고 탈 배들이 모두 이스라엘 사람들과 관련 없을 수

---

[67] 더글라스 스튜어트, 『호세아-요나』, 783.

있는 항구를 선택한 것이다.⁶⁸

요나는 다시스로 달아나려 했다. 히브리어 원전에는 방향을 나타내는 '헤'가 붙어 '다르쉬샤'(תרשישה)로 기록되어 있다. 흔히 다시스라는 장소를 나타내는 이름으로 수정되는 '타르쉬쉬'(תרשיש)라는 지역은 그 위치가 불명확하며, 이에 대한 의견도 다양하다.

우선, 스페인 남서부에 있는 타르테소스(Tartessos)를 중심으로 한 인근 지역 전체를 가리킬 수 있다. 이 지역은 금속 광업과 제련업의 중심지였다. 이 지역으로부터 바다를 항해하는 커다란 화물선들이 금속 제품들을 지중해 연안의 다양한 항구로 운송했을 것이다(겔 27:12; 렘 10:9). 다른 구약의 본문들도 다시스를 먼 지중해 해안 지역들과 같다고 본다(사 23:6, 10; 66:19).⁶⁹

또 다른 견해는 이 용어를 좀 더 기본적으로 '공해'(公海) 혹은 그와 같은 의미로 보는 것이다. 이것은 '다시스의 배들'이라는 뜻의 '오니요트 타르쉬쉬'(אניות תרשיש, 사 23:1)라는 표현에서 기원하는데, 이 용어는 '바다를 오가는 배들'로 바꿔 부를 수 있다. 아람어(탈굼)는 '타르쉬쉬'(תרשיש)를 '바다에서'라는 뜻의 '바얌'(בים)으로 번역한다. 또한, 제롬은 그의 요나서 주석에서 '타르쉬쉬'(תרשיש)가 '마레'(mare, '바다')를 의도하는 단어라고 주석한다. 따라서 이 용어는 어떤 특정한 장소 이름이 아니라 바다 자체를 가리키는 것이라고 할 수 있다.⁷⁰

---

68   더글라스 스튜어트, 『호세아-요나』, 792.
69   더글라스 스튜어트, 『호세아-요나』, 791.
70   더글라스 스튜어트, 『호세아-요나』, 791-792.

요나 1장에 이방인 선원 중 상당수는 페니키아인들이었을 것이다. 당시 지중해 해상 무역은 거의 페니키아 상인들이 주도했기 때문이다. 솔로몬이 아카바만의 에시온게벨에서 선단을 조직했을 때, 두로 왕 히람(왕상 9:12)은 자기 종들, '곧 바다에 익숙한 사공들'(왕상 9:27)을 배치했다. 히브리인들은 바다에 익숙하지 않았다. 그들에게 동쪽은 '미케뎀'이고, 서쪽은 '메아호르'였다(사 9:11).[71]

구약에서 항해술(תחבולות/타흐불로트, κυβέρνησις/퀴베르네시스, 잠 1:5)은 숙련된 기술을 필요로 하는 지혜로 기술되어 있다.[72] 에스겔이 두로를 배에 비유한 논쟁(겔 27:8-9)에서 뱃사람들은 숙련된 선원들로 묘사된다.

> 시돈과 아르왓 주민들이 네 사공이 되었음이여 두로야 네 가운데에 있는 지혜 자들이 네 선장이 되었도다 그발의 노인들과 지혜자들이 네 가운데에서 배의 틈을 막는 자가 되었음이여 바다의 모든 배와 그 사공들은 네 가운데에서 무역하였도다(겔 27:8-9).

잠언 30장 18-19절은 이해할 수 없는 네 길(דרך/데레크)로 공중에 나는 독수리의 길, 땅 위를 기는 뱀의 길, 바다의 뱃길, 젊은 여인을 찾는 남자의 길을 열거한다. 바다의 뱃길은 합리적으로 이해할 수

---

[71] 윌리엄 S. 라솔, 데이비드 앨런 허바드, 프레드릭 윌리엄 부쉬, 『구약 개관』, 520.

[72] G. 폰 라드, 『구약성서 신학』, 허혁 옮김, (경북: 분도출판사, 1982), 419.

있는 것이 아니다. 뱃길은 땅 위의 길처럼 고정되지도 않으며, 눈으로 볼 수 있는 것도 아니다. 그 길은 바다를 이해하고 오랫동안 바다를 경험하며, 습득한 기술력을 갖춘 지혜로운 선원들만이 찾아갈 수 있다.

성경 기자들은 항해술의 신비를 창조주의 지혜와 연관시킨다. 선원들은 하늘의 별의 위치를 파악하면서 바다를 항해한다. 바닷길은 곧 바다에 기록된 하늘의 길이다. 그러나 선원들의 지혜도 하나님이 보내신 큰 바람을 이기지 못했다. 바람과 폭풍우와 같은 자연의 힘은 이 책 전체에서 발견되는 주요 특징이다.

야웨는 배가 부서질 위험에 처할 정도로 강력한 바람을 배에 불어넣는다. '큰 바람' 혹은 '사나운 바람'으로 번역할 수 있는 '루아흐 그돌라'(רוח־גדולה/큰 바람)는 광야에서 나와 욥의 집 네 귀퉁이를 치는 '큰 바람'과 마찬가지로 하나님에게서 나온다(욥 1:19). 요나서의 마지막(4:8)에 하나님께서 요나를 치시기 위해 보내시는 '루아흐 카딤'(רוח קדים/동풍)은 메뚜기 떼가 이집트를 덮쳤던 출애굽기의 동풍을 연상시킨다(출 10:13).[73]

선원들은 자신의 지혜와 지식을 총동원해 큰 바람을 극복하려 했다. 짐을 버리기도 하고 배를 해안가로 몰고 가려 했다. 하지만, 그들

---

73 Tova Forti, "Of Ships and Seas, and Fish and Beasts: Viewing the Concept of Universal Providence in the Book of Jonah through the Prism of Psalms," JSOT 35(2011), 362. 인간이 제어할 수 없는 폭풍과 침몰에 대해서는 Sasson, *Jonah*, 90-92를 보라.

의 지혜는 실패했다. 그들은 제비를 뽑아 요나가 위기의 원인임을 밝혀냈다. 그리고 그를 바다에 던지려 했지만, 처음에는 감히 한 생명을 제물로 바치지 못했다. 던지기 전, 그들은 야웨께 구조해 주시고 죄를 짓지 않게 해 주십사고 기도를 드린다. 이 기도에서 우리는 하나님 앞에 양심의 가책을 느끼지 않고, 그의 뜻에 순종하려는 그들의 마음을 엿볼 수 있다.

요나를 바다에 던지자마자 바다가 잔잔해졌다. 선원들은 하늘과 땅 그리고 바다의 주인이신 하나님을 두려워하게 된다. 그들은 하나님의 구원에 감사하기 위해 예물을 드리고 서원한다. 이방인들이 야웨에 대한 신앙으로 돌아서고, 하나님의 위대함을 인정할 자세를 갖추고 있음이 서술됨으로써, 예루살렘만이 유일한 합법적인 예배처이자 희생 제사를 지내는 장소라는 신명기적 신학이 요나서에서는 받아들여지지 않고 있음을 알 수 있다.

여로보암 2세 시대의 북이스라엘의 예언자였던 요나에게 예배의 장소는 예루살렘이 아니었다. 북이스라엘의 예배 처소는 단일하지 않았다. 그러므로 선원들이 예루살렘이 아닌 선박이나 인근 항구에서 예물을 드리고 서원을 했다는 사실은 자연스럽다.

바이저(Arthur Weiser)는 이러한 선원들의 예배 형식 속에서 야웨 종교의 한계성 철폐라는 기본 모티브가 나타난다고 주장한다. 그에 따르면, 그 시대의 분리주의적으로 구속되어 있던 종교의 편협성을 지양하

는 것이야말로 화자가 표현하려 했던 관심사였을 것이라고 본다.[74]

2) 큰 물고기와 요나

니느웨성은 물고기에 대한 존경심을 가지고 있었고 물고기 여신 난셰(Nanše)를 숭배했다.[75] 난셰는 바다와 습지, 그리고 이곳에 거주하는 새와 물고기와 같은 동물들의 신이며, 점술, 꿈 해석의 여신이다. 『물고기의 고향』(The Home of the Fish)이라는 작품에서 난셰 신은 어부의 여왕으로 등장하며 다양한 물고기를 초대하여 연회를 개최한다.[76]

특이한 점은 니느웨를 나타내는 설형 문자도 물고기를 담고 있는 집의 형상을 하고 있다는 점이다. 주전 2220년경의 문헌에는 니느웨가 $^{uru}nina$ 혹은 $^{uru}ninua$로 표기되었다. 이 이름은 $eš + ku$ ($nûnu$), 즉 '물고기들 혹은 무리들의 집'으로 번역되는 그림 문자(logogram)다.

보거(Rykle Borger)는 니느웨를 나타내는 그림 문자가 $^{(uru)}NINA^{(ki)}$이며 아카드어로 니누아(Ninua) 혹은 니나(Nin)로 발음된다고 설명한다.[77] 이 단어는 도시를 나타내는 한정사 우루(uru), 수메르 이름 니나

---

74 A. 바이저, K. 엘리거, 『소예언서』, 46.
75 E. Merrill, "The Sign of Jonah," *JETS* 23 (1980), 23-30.
76 Niek Veldhuis, *Religion, Literature, and Scholarship: The Sumerian Composition Nanše and the Birds, with a Catalogue of Sumerian Bird Names* (Leiden: Brill Styx, 2004), 57.
77 R. Borger, *Akkadische Zeichenliste* (AOAT 6; Neukirchen-Vluyn: Neukirchener Verlag, 1971), 34.

(NINA), 그리고 장소를 나타내는 한정사 키(*ki*)로 구성되었다.[78]

이처럼 물고기와 관련된 이야기에 익숙했던 니느웨 사람들에게 물고기 뱃속에서 나온 요나의 메시지는 큰 효과를 거두었을 것이다.

이에 대해 엄원식은 다음과 같이 말한다.

> 우리는 여기에서 요나의 경험담이 니느웨의 주민들에게 얼마나 강렬한 인상을 주었겠는가를 상상해 볼 수 있다. 물고기 수호신을 섬기며 선박으로 회자된 도성에 거주하고 있는 니느웨 주민들에게 바다의 물고기로부터 구출받은 요나의 경고는 쉽게 도성 주민들을 회개시킬 수 있었을 것이다.[79]

니느웨 사람들에게 요나가 물고기 뱃속에서 사흘 동안 있었다는 사건은 단순한 기적으로 들리지 않았을 것이다. 오히려 그들은 요나를 난셰 신의 특별한 보살핌을 받는 예언자로 간주했을 가능성이 있다. 니느웨 백성에게 요나가 물고기 뱃속에서 머물다 살아나왔다는 증언은 예언자적 상징 행위로 받아들여져 요나의 예언을 보다 공신력 있게 받아들이는 기능을 했을 것이다.

---

[78] R. Labat, *Manuel d'Epigraphie Akkadienne: Signes, Syllabaire, Ideogrammes* (Paris: Paul Geuthner, 1976), 114-115.

[79] 엄원식, 『히브리 성서와 고대 근동 문학의 비교 연구』 (서울: 한들출판사, 2000), 829.

한편, 요나가 물고기 뱃속에서 살아남은 이야기는 고대 바벨론의 오아네스(Oannes) 신화와 유사점이 있다. 오아네스는 물과 육지에서 동시에 살 수 있는 존재로서 인류에게 지혜를 가르쳤다.

바벨론의 사제 베로수스(Berosus)가 묘사한 오아네스는 물고기의 형상을 하고 있지만, 물고기 머리 아래에는 사람의 머리가 있고 물고기 꼬리 아래에는 사람의 발이 있었다. 낮에는 페르시아만 해변으로 올라와 인류에게 글과 예술, 과학을 가르쳤다. 오아네스는 아마도 심해의 신이자 지혜의 신인 에아의 사절이었을 것이다.[80]

오아네스는 사람들에게 도시를 건설하고, 신전을 세우며, 법을 편찬하는 법을 가르치고, 기하학적 지식의 원리를 설명했다. 그리고 땅의 씨앗을 구별하고, 열매를 수확하는 방법과 예절, 인간다운 삶을 살 수 있는 모든 것을 가르쳤다.[81]

니느웨 사람들이 오아네스를 알고 있었다면, 요나를 오아네스의 사자로 간주해서 그의 메시지를 신중하게 받아들였을 가능성이 있다.

---

80 Britannica, The Editors of Encyclopaedia. "Oannes". *Encyclopedia Britannica*, 12 Nov. 2019, https://www.britannica.com/topic/Oannes. 2023년 11월 19일 접속.

81 *Fragments of Chaldean History, Berossus: From Alexander Polyhistor*. https://sacred-texts.com/cla/af/af02.htm 2023년 11월 19일 접속.

3) 니느웨성

니느웨는 산헤립 통치 때(주전 705-682년)에 이르러서야 앗수르의 수도가 되었다. 하지만, 니느웨가 실제적 수도가 아니었다 하더라도 주전 8세기 초중반 대부분의 시기 동안에 수도에 버금가는 기능을 했다. 살만에셀 1세(Shalmaneser I, 주전 1275-1246년)는 니느웨 성읍을 확장하기 시작했고, 디글랏-빌레셋 1세(Tiglath-Pileser I, 주전 1114-1076년)에 이르러서 니느웨는 앗수르(Assur)와 칼라(Calah)의 대안적인 왕실 거주지가 되었다.

그 이후, 니느웨에 궁궐과 같은 종류의 건축물이 세워졌고, 요나 당대 이전인 아슈르나시르팔 2세(Ashurnasirpal II, 주전 883-859년)를 포함한 여러 왕이 사용했다. 그러므로 니느웨는 비록 수도는 아니었더라도, 주전 8세기 대부분의 시간 동안 왕실 거주지로서 역할을 감당했을 가능성이 매우 크다.[82]

아다드-니라리 3세(Adad-nirari III, 주전 811-784년)의 후반기와 디글랏-빌라셀 3세(Tiglath-Pileser III: 주전 745-728년) 사이의 앗수르 약한 왕들의 치적에 대한 우리의 정보는 미약하다. 그러나 살만에셀 4세(Shalmaneser IV, 주전 783-774년), 앗수르단 3세(Assur-dan III, 주전 773-756년) 그리고 앗수르-니라리 5세(Assur-nirari V, 주전 755-746년)는 각

---

82 R. C. Thompson and R. W. Hutchinson, *A Century of Exploration at Nineveh* (London: Lusack & Co., 1929); A. Parrot, *Nineveh and the Old Testament* (London: SCM. 1955)

자의 그 통치 기간 일정 시간을 니느웨에서 통치했을 개연성이 있다.

특히, 앗수르단 3세는 자신의 거주지를 적어도 한 번 옮겼고, 그 이상으로 옮겼을 가능성도 있다. 니느웨는 신앗수르제국의 주요 성읍이었으며, 그 기간의 대부분 동안 왕실을 모신 장소였음이 분명하다.[83]

니느웨의 중요성은 다음과 같은 두 개의 특별한 형식에 따라 묘사되고 있다.

첫째, 그 성읍은 '하나님께 중요한'(혹은 '이례적으로 엄청나게 중요한'도 가능함)이라는 뜻의 '게돌라 렐로힘'(גדולה לאלהים)이다.

둘째, '(삼 일 방문을 필요로 하는) 삼 일 길'로서, 문자적으로는 '삼 일의 여정'이라는 뜻의 '마할라크 셸로셰트 야밈'(מהלך שלשת ימים)이다.

여호수아 10장 2절("기브온은 왕도와 같은 중요한 성임이요")과 비교해 볼 때, '게돌라'(גדולה)는 크기보다는 중요성을 나타내기 위해 사용된 단어라 할 수 있다. 왜냐하면, 기브온은 다른 고대 가나안/이스라엘 성읍들과 비교했을 때 그리 크지 않은 작은 성읍이었기 때문이다. 따라서 가돌(גדול)은 실제적인 크기뿐만 아니라 중요성의 의미를 내포하고 있는 것이 분명하다.

---

83 더글라스 스튜어트, 『호세아-요나』, 776-777.

여기서 한가지 주목할 점은 '엘로힘'(אלהים)이라는 어휘가 '야웨'(יהוה) 대신 사용되고 있다는 점이다. 본 절에 사용된 '렐로힘'(לאלהים)을 문자적으로 해석하면, '하나님께'라는 의미가 도출된다. 3장 5절에 '벨로힘'(באלהים)이라는 용어를 '하나님 안에'로 해석할 수 있다면 '렐로힘'(לאלהים)도 단순히 '하나님께'(신들)로 번역하는 것이 가장 적절할 수 있다.[84]

4) 라아(רעה)

'라아'(רעה)라는 어휘는 요나서에 9회 나온다. '라아'(רעה)는 3장 8절과 10절 두 곳에서 '악한'이라는 의미로 쓰인다. 그러나 다른 일곱 군데에서는 라아(רעה)가 '곤경' 혹은 그와 비슷한 의미로 쓰인다(1:2, 7, 8; 3:10; 4:1, 2, 6). 약간의 번역 차이가 있지만, 이 구절들에서는 '재난', '비참함', '어려움', '해로움' 등의 의미로 쓰인다.[85]

'라아'(רעה)라는 용어는 일반적으로 '악' 혹은 '악독'으로 번역된다. 예를 들면, 개역개정판 요나 1장 2절에 나오는 '라아'(רעה)는 '악독'으로 번역된다. 이 경우 요나는 '악'으로 이해했을 수 있다. 그러나 하나님께서 이 단어를 사용해 명령하셨을 때는 '곤경', '재난' 혹은 '어려움'을 염두에 두셨을 것이다. 요나는 하나님이 의도하신 의

---

84 더글라스 스튜어트, 『호세아-요나』, 849-850.
85 더글라스 스튜어트, 『호세아-요나』, 769.

미를 확실히 이해하지 못했을 수도 있다.

하나님께서 그 성읍의 악으로 인해 심판하려는 목적으로 요나를 니느웨에 보내셨는지, 아니면 '곤경'에 처한 성읍을 구원하기 위해 보내신 것인지는 불명확하다. 하지만, 3장 4절에 있는 요나의 메시지는 후자의 것을 말하고 있다.

니느웨는 곤경(רעה/라아)으로 고통받는 악한(רעה/라아) 성읍이었다. 하나님의 긍휼은 그 불행으로 인해 기인되었다. 그 성읍의 악으로 인해 그 성읍을 단순히 파괴하시는 대신에, 하나님은 그 곤경을 제거하기 위해 그 성읍에 회개할 기회를 주신다. 요나는 그 기회를 선포한 것이다.[86]

니느웨의 곤경은 구체적으로 나타나지는 않지만, 그 곤경에 대한 이유는 명백하다. 그 성읍의 악한 길들(3:10)은 나훔서(특별히 2:11-12; 3:1, 19)에서 긴 내용에 걸쳐 통렬하게 비난받고 있다. 나훔서에서와 마찬가지로, 그 의도는 단순히 수도 성읍만이 아니라 전(全) 앗수르의 잔인성을 말해 주는 것이 분명하다. 따라서 니느웨는 잔혹하게 압제적인 앗수르제국 자체를 나타내는 일종의 제유(提喩)적 용어다.[87]

요나 3장 4절에서 "니느웨가 무너질 것이다"(3:4; 참조, 창 19:21, 25, 29; 암 4:11; 애 4:6)라는 위협적인 형벌조차 적의 공격이 아닌 자연 재해로 제시된다. 하나님의 모든 개입은 우주의 질서를 파괴하거나 창

---

86 더글라스 스튜어트, 『호세아-요나』, 788.
87 더글라스 스튜어트, 『호세아-요나』, 789.

조 세계의 조화를 회복하는 등 자연적인 수단을 통해 이루어진다.

요나가 선원들에게 하나님을 소개할 때, 그는 무엇보다도 '바다와 육지를 지으신 하늘의 하나님'으로 소개한다. '하늘의 하나님'은 다니엘, 에스라, 느헤미야, 역대기처럼 포로 후기의 작품에 주로 등장하는 신명이다.[88]

이런 관점에서 보면, 하나님은 심판의 의도로 요나를 니느웨에 보내신 것이 아니다. 요나의 결론 부분인 4장 11절에 "(곤경에 처한) 모두를 아끼신다"라는 문구를 볼 때, 시작 부분인 1장 2절의 '라아'(רעה)는 심판의 의미를 내포한 '악'이라는 해석보다는 '곤경'이나 '비참함' 혹은 '어려움'의 의미로 이해하는 것이 더 타당하다.

5) 박넝쿨과 하나님의 교훈

이 장면의 외적 사건은 물고기 체험과 마찬가지로 기적적인 특징을 갖고 있다. 학자들은 여기서 하나님의 명칭이 이상하게도 '야웨'였다가 '엘로힘'이었다가 하는 점으로 보아, 그 소재(素材)가 주위의

---

[88] 창세기 24장 3절과 7절 그리고 시편 136편 26절은 예외이다. 요나서에 등장하는 포로 후기의 어휘에 대해서는 H. W. Wolff, *Obadiah and Jonah* (Minneapolis: Augsburg, 1997), 76을 참조하라. 특별히 '하늘의 하나님에 대해서는 115를 참조하라. 건과 퓨웰은 야웨가 세상과 하늘과 땅, 바다와 땅의 창조주라는 사실은 그를 '인류의 시작자'이자 '모든 인간 개개인의 음모를 통제하는 자'의 위치에 놓이게 한다고 주장한다. D. M. Gunn and D. N. Fewell, *Narrative in the Hebrew Bible* (Oxford: Oxford University Press, 1993), 131.

이방권에서 받아들여진 것이 아닐까 하는 생각을 하게 된다.[89]

하지만, 이 사건의 유래보다는 이 사건이 부여하는 의미를 파악하는 것이 본문의 의도를 파악하는 데 더 유리할 것으로 보인다. 박넝쿨의 사건은 괴로움을 주는 골칫거리로서가 아니라, 하나님의 입장에 맞서는 요나를 가르치기 위한 교훈으로서 계획된 것이다.

하나님은 요나에게 박넝쿨 때문에 화를 내는 것이 합당한지를 질문하신다. 성을 내는 권리에 대한 이 질문은 요나서 전체의 중심이며, 화자가 전개하는 이야기에서, 말하려고 하는 요지의 중요한 핵심이다.

하나님은 우리에게만 호의적이어야 하고 다른 사람들에게는 호의적이어서는 안 된다고 주장해야만 하는 우리의 권리는 무엇인가?

박넝쿨의 특별한 문제에 대해 질문을 축소함으로써, 하나님은 요나가 자신의 말로 스스로를 정죄하도록 하는 방법으로 질문의 초점을 맞추신다. 요나는 단지 자신의 말과 같이 그렇게 행했다. 하나님에 대한 요나의 답변은 하나님이 말씀하시려고 하는 요지에 더욱 적절한 것이 될 수 있었다. 요나는 그 박넝쿨이 자신에게 중요했다는 것을 가능한 한 강한 용어들로 주장했다.

그 박넝쿨은 요나의 안목에 중요한 것이었다!
그는 그 박넝쿨을 사랑했다!

---

[89] A. 바이저, K. 엘리거, 『소예언서』, 55.

그 박넝쿨은 요나를 기쁘게 했다!

그러나 이제 그 박넝쿨은 죽었고, 요나는 분개한다. 요나는 사는 것보다 죽는 것이 낫다고 할 만큼 그 식물을 잃은 것에 대해 성을 낸다. 그 주장 속에서 하나님은 이제, 자신이 요나가 있기를 원하는 곳에 그가 있게 하신다.

요나는 자신의 자유 의지 가운데서 어떤 식물이 살아야 할 현저한 가치가 있는 것, 즉 자신에게 매우 중요한 관심의 대상으로 선언했다.[90]

---

[90] 더글라스 스튜어트, 『호세아-요나』, 881-882.

제3장

요나서에 나타난 창조신학

창조신학은 하나님의 구원 역사의 기원을 다룬다(사 42:5). 하늘, 땅, 별, 바다, 식물, 동물 등 이 모든 것이 창조의 드라마에서 중요한 역할을 한다. 신명기-이사야 구절에서 볼 수 있는 찬양은 하나님의 능력과 모든 것을 포용하는 그의 전능하심에 대한 확신을 강조한다.

> 네 구속자요 모태에서 너를 지은 나 야웨가 이같이 말하노라. 나는 만물을 지은 야웨라 홀로 하늘을 폈으며 나와 함께 한 자 없이 땅을 펼쳤고(사 44:24; 참조 54:5).

창조 신화는 이스라엘이 이집트에서 구원받은 모티프와 결합되는 경우도 있다.[1] 하나님의 강한 팔을 기대하는 기도(사 51:9-10)에서 원시적 우주론이 이스라엘의 역사적 신앙고백의 구원론적 진술과 결합

1　Forti, "Of Ships and Seas," 361.

되어 있다.² 세계를 창조하신 하나님은 바로, 이스라엘을 애굽에서 구원하신 하나님이시다. 이 구원은 일회적 사건이 아니다. 하나님은 창조주로서 이스라엘 가운데 함께하시고 그의 구원을 이루신다.

창조주 하나님은 구원을 창조하시는 분이다(사 45:8).³ 제2 이사야는 창조와 구속을 하나로 이해했다. 창조를 구원 사건의 하나로 이해했기 때문이다. 그래서 제2 이사야는 하나님의 구원 행위를 창조로 이해했다(사 43:1; 44:24). 이사야 51장 9-10절에서도 창조와 출애굽과 구원 행위는 하나로 이해된다.⁴ 예언자에게 창조는 하나님의 존재를 증명하는 중요 증거였다.

요나도 이사야와 마찬가지로 창조와 구원을 하나로 이해했다. 그는 큰 바람이 불어 배가 침몰할 위기에 처했을 때 하나님의 구원을 기대했고, 큰 물고기에 잡혀 깊은 바닷속에 있을 때 하나님의 구원을 위해 기도했다. 그의 구원의 기도에는 이 세상을 창조하신 하나님을 향한 호소가 담겨 있다. 그래서 그의 기도에는 창세기에서 찾아볼 수 있는 언어와 사상이 다수 등장한다.

창조주 하나님에 대한 기대는 선원들의 반응에도 나타난다. 그들의 반응에 나타나는 어휘와 사상은 구약의 창조신학이 보편주의에 기초하고 있음을 보여 준다.

---

2 발터 침멀리, 『구약신학(개정신판)』, 김정준 옮김 (서울: 한국신학연구소, 1999), 56.
3 발터 침멀리, 『구약신학(개정신판)』, 56-57.
4 G. 폰 라드, 『구약성서 신학』, 184.

1. 신명에 나타난 창조신학적 보편주의

1) 창조주 하나님 야웨와 엘로힘

요나는 선원들의 질문에 대해, 오로지 자신이 어떤 민족에 속하며 (히브리인) 어떤 신을 섬기는지를 밝힌다. 가장 의미심장한 점은 그가 야웨를 폭풍을 보낼 능력이 있는 우주적인 신, 창조주 신으로 묘사했다는 점이다.

요나가 우주적 신으로부터 도망쳤기 때문에, 요나가 신의 분노로 고통받을 위험에 빠졌다는 것을 깨닫자 배의 선장과 선원들은 더 심한 공포에 빠진다.[5] 신에 대한 두려움이 있다는 것은 신의 뜻에 살려는 의지가 있다는 증거이다. 선원들과 선장은 신의 뜻에 순응하며 성실히 살아가려는 보편적인 사람들이다. 하지만, 요나는 이들과 달랐다.

선원들의 다음 질문은 신의 노여움을 가라앉히는 일에 대한 것이다. 고대 세계의 종교적 사고방식을 가진 사람들은 거의 회개에 대해 유념하지 않았는데, 이는 신의 동기를 쉽게 알아차릴 수 없었기 때문이다. 신들은 윤리적이지 않고 일관성도 없었으므로 순전히 즉흥적으로 분노했고, 일관성 없고 유치하게 형벌을 내렸다. 그러므로 숭배

---

[5] 존 월튼, 빅터 매튜스, 마크 샤발라스, 『IVP 성경 배경 주석』, 신재구 외 5인 옮김 (서울: IVP, 2001), 1128.

자들은 신의 분노를 달래야 했다. 다양한 신을 다양한 방식으로 달래야 했기 때문에 선원들은 요나에게 조언을 구한 것이다.

이러한 두려움으로 인한 반응은 아주 보편적인 반응이다. 신에 대한 두려움이 있다는 것은 신이 설정해 놓은 자연적 순리를 지키려는 기본적인 의지가 있다는 증거이다. 신의 분노는 예측하기 어렵지만 이유 없는 분노도 찾아볼 수 없다.

다신교(혼합주의)는 유일신과는 상반되는 의미로, 각각의 신의 역할을 구분한다. 전능한 신, 곧 요나가 선장과 선원에게 소개한 신은 우주적인 신이며 모든 것이 가능한 전능한 신으로서 '야웨'의 신명으로 소개된다. 선원과 선장은 요나가 섬기는 신(야웨)의 전능함을 알고 그의 신에게 의지하려는 마음이 컸다.

전능하고 거룩한 야웨의 이름은 아브라함의 이야기에도 빈번히 사용된다. 이스라엘의 첫 번째 족장 아브라함은 한 명의 개인이기도 하지만, 동시에 이스라엘 백성 전체의 상징 혹은 구현이기도 하다. 야웨가 아브라함에게 말하는 첫 말씀(창 12:2)은 그가 큰 민족을 이루게 하겠다는 것이었고, 창세기 18장 19절에 "야웨께서 아브라함에게 대하여 말씀하신 일을 이루시기 위해" 아브라함은 자손들에게 야웨께 순종할 것을 명한다.

이러한 본문들이 아브라함의 자손을 염두에 두고 미래에 대해 언급하고 있으므로, 아브라함 자신이 이스라엘 백성을 상징하고 있음은 명백하다. 창세기 12장 7-8절에서 그가 제일 먼저 한 일은 야웨

께 제단을 쌓고 야웨의 이름을 부른 것이다.[6]

구약성서의 증언에 따르면 야웨라는 이름이 처음으로 계시된 것은 모세였다. 따라서 창세기에 등장하는 야웨 신명은 모세적 야웨 신앙(Mosaic Yahwism)의 맥락과 관점에서 재진술 된 것일 수 있다. 즉, 창세기 저자들은 야웨라는 신을 섬기는 이스라엘의 맥락에 서서 이스라엘의 조상들, 족장들의 하나님이 곧 이스라엘의 신이라는 것을 당연하게 여겼을 수 있다. 그들은 족장 이야기를 전할 때 익숙한 이스라엘의 신명을 자유롭게 사용했다.

역사적 관점에서 볼 때, 이러한 야웨 신명의 사용은 시대착오적(anachronistic)이지만, 이와 같이 다른 관점을 융합해 기술하는 것은 고대 세계와 그 이후의 이야기꾼들이 자주 사용해왔던 방법이다. 그러므로 이를 단순히 다른 출처나 자료에 따른 신명의 사용이라는 이론으로만 이해해서는 안 된다.

야웨 신명의 사용을 신학적 관점으로 이해해야 한다. 야웨께서 자신의 이름과 계명을 오직 이스라엘에만 제시하셨다는 배타적 확신과 야웨만이 유일하신 참신이시므로, 이스라엘 조상들과 관계를 맺은 하나님도 바로 그분이셨다는 보편적인 확신을 잘 결합해 낸 것이다.

그렇다면 하나님의 명칭이 왜 여러 개가 사용되는가?

---

6 J. W. 로저슨, R. W. L. 모벌리, 『창세기 연구 입문』, 민경진 옮김 (서울: CLC, 2005), 141-142.

폰 라드(Von Rad)는 이스라엘 종교의 발전 과정에서 볼 때, 다른 고대 세계의 이웃들로부터 꽤 늦은 시기에 창조에 대한 개념을 가져왔다고 생각했다. 그리고 창조에 관한 믿음보다 출애굽 사건에서 나타난 구원이 이스라엘의 신앙에 훨씬 더 근본적인 위치를 차지했다고 주장했다.

이러한 관점을 토대로 창세기 1-11장 자체에 관한 관심보다, 이스라엘에 대한 하나님의 선택과 구원의 전승을 강조하기 시작했다. 이스라엘은 하나님을 구원자로 먼저 알았고 그다음에야 하나님이 우주의 주님이시다는 고백을 하게 되었다는 것이다.[7] 그래서 비록 창조의 하나님을 늦게 인식했지만, 그 하나님에게 이스라엘의 신명인 야웨를 부여했다고 말한다.

로저슨(J. W. Rogerson)과 모벌리(R. W. L. Moberly)는 구약에서 족장 이야기들이 지니는 하나님에 대한 본래 기본적인 용어는 '엘로힘'이라 말한다. 야웨가 가지는 배타성 대신, 하나님에 대한 일반적인 이름인 '엘로힘'은 족장 이야기들이 대체적으로 지니는 열려 있고 포용적인 특징과도 일치한다.[8]

하나님을 '엘'과 일치해서 조상들의 하나님 또는 이스라엘의 하나님으로 말하는 확실한 성서 구절들이 있다. 예를 들면, 창세기 33장 20절의 경우 세겜의 제단에서 '엘'은 이스라엘의 '하나님'으로 불렸

7 　J. W. 로저슨, R. W. L. 모벌리, 『창세기 연구 입문』, 17.
8 　J. W. 로저슨, R. W. L. 모벌리, 『창세기 연구 입문』, 200-201.

다. 창세기 46장 3절의 브엘세바의 밤에 나타난 계시에서 "나는 너의 조상들의 하나님, 바로 그 엘이다"라고 말씀하신다. 또한, 창세기 49장 25절은 야곱이 요셉을 축복할 때 '너의 조상들의 엘께서'라는 신명을 사용한다.[9]

일반적으로, 머리글자에 알레프(א)를 가진 엘(אל)은 신의 고유 명사로 사용되지 않았음이 분명하다. 그 단어는 셈족 언어에서 일반적인 '신'(deity)일 뿐이다. 성서적 전승에서 엘과 결합한 이름 속의 엘(אל)이라는 단어는, 후대 이스라엘인들의 이름들 속에 '엘 엘리욘', '엘 올람'이 '만군의 하나님' 또는 '영존하시는 하나님'을 의미하는 것과 같이 점점 축소되는 경향을 보인다.

우가릿으로부터 나온 가나안 본문들 속에서 볼 수 있는 신들 가운데는 '엘'(El)과 '바알'(Baal)이 있다. 바알은 농사의 주기와 밀접하게 관련된 젊은 다산(多産)의 신이었다. 바알이 성서에 나오는 족장들의 설화에서 결코 언급된 적이 없다는 사실은 확실하다.[10]

따라서 우가릿 문헌의 『바알 신화집』에 나타나는 투쟁의 이야기가 바벨론의 〈에누마 엘리쉬〉에서처럼 창조의 선행 과정으로서 창조와 직접적인 관련이 있는지는 학자들 간에 논란이 많다. 왜냐하면, 『바알 신화집』에는 〈에누마 엘리쉬〉나 구약의 여러 본문에서 언급되는 창조 이야기가 전혀 서술되지 않는다. 대신, 폭풍의 신인 바알

---

9 트리그브 메팅거, 『하나님의 이름들』, 안종철 옮김 (서울: 쿰란출판사, 2006), 141.
10 트리그브 메팅거, 『하나님의 이름들』, 139.

과 혼돈 세력 사이의 투쟁, 왕권 확립, 무질서의 정돈, 신전 건축 등의 이야기만 수록되었기 때문이다.[11]

하지만, 엘이라 불리는 신은 바알과는 다른 특성이 있었다. 엘은 늙고, 지혜롭고, 부드럽고, 자비로운 신이었다. 엘은 '인간의 아버지', 그리고 '모든 피조물의 창조자'로 불렸다. 이 본문들에서 '엘' 신은 온화하고 자애로운 지혜자인 늙은 아버지의 모습으로 나타난다.[12] 이처럼 가나안의 최고 신 엘이 창조 신으로 암시됐지만, 바알은 풍요와 생장(生長)의 신이요 창조 질서의 보존자로 나타난다.[13]

구약의 '엘로힘'은, 최고의 신 '엘'의 아버지 모습과 혼돈의 세력으로부터 창조 질서를 바로잡고 유지하려는 바알의 모습이 더해졌다고 볼 수 있다.

링그렌(H. Ringgren)이 하나님의 충실한 창조 개념을, '혼돈(chaos)에 대한 승리와 이로 인한 질서(cosmos)의 확립'[14]이라고 말했듯, 실제로 창조 이후 하나님의 사역은 우주의 질서를 바로잡는 일이었다. 하나님이 창조하신 모든 피조물은 혼돈에서의 회복이라는 하나님의

---

11 강성열, 『고대 근동 세계와 이스라엘 종교』 (서울: 한들출판사, 1992), 25-26.
12 F. M. Cross, *Canaanite Myth and Hebrew Epic: Essays in History of the Religion of Israel* (Cambridge: Harvard University Press, 1973), 1-75. 특히, Cross는 왕일 뿐만 아니라 족장으로서 엘의 이중 특성을 강조하고 있다.
13 W. Schmidt, *Königtum Gottes in Ugarit und Israel: Zur Herkunft der Königsprädikation Jahwes* (BZAW 80; Berling: Verlag Alfred Töpelmann, 1966), 61; S. Mowinckel, *The Psalms in Israel's Worship*, Vol. II (New York: Abingdon Press, 1962), 241.
14 Schmidt, *Königtum Gottes in Ugarit und Israel*, 62에서 재인용. Cross, *Canaanite Myth and Hebrew Epic*, 120은 엘의 신화를 theogony로, 그리고 바알 신화를 cosmogony로 본다.

원칙에 따라 운행되고 있다. 그리고 그를 위해 하나님은 지속적인 수고를 아끼지 않으신다. 자연의 파괴로 인한 회복은 물론이요 더욱 하나님의 관심은 하나님과 반대되는 세력으로 고통받는 인간들의 회복에 있다.

엘과 야웨에 내포된 신의 본성은 같다. 인자함이 넘치는 늙은 아버지의 모습, 즉 무슨 죄를 범하더라도 언제나 용서할 것 같은 아버지의 모습으로 엘은 항상 그 모습으로 있다.

엘과 합성된 신명은 다음과 같다.

- 엘 엘룐(אל עליון, 창 14:18, 19, 20)
- 엘 엘로헤 이스라엘(אל אלהי ישראל, 창 33:20)
- 엘 로이(אל ראי, 창 16:13)
- 엘 올람(אל עולם, 창 33:21)
- 엘 벧엘(אל בית אל, 창 31:13; 35:7)
- 엘 카나(אל קנא, 출 20:5; 34:14; 신 4:24; 5:9; 6:15; cf. 수 24:19)[15]

주전 20세기의 시리아와 가나안 지역 종교의 신 이름은 '엘'이었다. 이것으로 보아 족장들의 종교가 원래는 야웨적 특성을 지니지 않고 있음을 알 수 있다.

---

15 Cross, *Canaanite Myth and Hebrew Epic*, 44-60.

신명 '엘로힘'(אלהים)은 히브리 성서에 2600회 등장한다.[16] 이 중 약 1400회는 연계형으로 사용되거나 대명 접미사가 붙어서 사용된다. 엘로힘은 대부분 야웨를 지칭하는 데 사용되지만, 230회는 다른 신들이나 일반적인 신을 지칭하는 데 쓰이며, 이들 중 절반 정도는 복수이다.

엘로힘이 각 책에 등장하는 횟수는 다음과 같다.

창 219회	스 55회	욜 11회
출 139회	느 70회	암 14회
레 53회	욥 17회	욘 16회
민 27회	시 365회	미 11회
신 374회	잠 5회	나 1회
수 76회	전 40회	합 2회
삿 73회	사 94회	습 5회
룻 4회	렘 145회	학 3회
삼상하 154회	겔 36회	슥 11회
왕상하 204회	단 22회	말 7회
대상하 321회	호 26회	

---

16 어떤 학자들은 2570회로 계산하기도 한다. K. van der Toorn, "God (I) Elohim," *DDD*, 352; G. Davies, "'God' in the Old Testament Theology," A. Lemaire (ed.), *Congress Volume Leiden 2004*, (VTS 109; Leiden: Brill, 2005), 178.

'엘'(el)이란 단어는 이디오피아를 제외한 모든 셈어에서 '하나님' 혹은 '신'을 의미하는 보통 명사로 '힘' 또는 '강하다'는 뜻을 가진다. 아카드어로는 '일룸'(*ilum*, 여성형 일투[*iltu*], 복수형 일루[*ilū*])이고, 아모리어로는 '일루'('*ilu*, 여성형 일투[*'iltu*], 복수형 일루[*'ilū*]), 우가릿어로는 '일'(*'il*, 여성형 *'ilt*, 복수형 *'ilm*)이고, 페니키아어로는 '엘' (*'l*, 복수형 엘름[*'lm*])이고 히브리어로는 '엘'(*el*, 여성형 *'elot*, 복수형 *'elohim*)이다.[17]

'엘'은 보통 명사뿐만 아니라 고유 명사로도 쓰인다. 〈우가릿 만신전 목록〉에 나타나는 신 중에 최고 신은 엘이다. 엘은 아버지(*'ilab*)로 표시되는데, 창조주(*Knn*)로도 나타난다. 그 외에도 엘 신은 '피조물의 창조자'(*bny bnwt*), '인류의 아버지'(*'ab dm*), 혹은 '땅의 창조자'(*il qone 'arts*)나 '영원하신 분'(*'lm*)으로 불린다.[18]

이스라엘에서는 야웨에게 왕의 칭호를 붙임으로써 가나안 신전에서 최고 신 엘이 차지했던 자리를 야웨에게 부여하였다.[19]

출애굽기 6장에서 모세는 야웨라는 이름의 계시를 받는다. 하나님은 때로 인간과 같은 모습으로 나타나시며(아브라함, 창 18:1-33, 야곱 창 32:22-32), 때로는 하나님인지를 정확히 인식할 수 없는 '천사'(מלאך/말라크)로 나타나신다(창 22:11).

하지만, 출애굽기 6장 2-3절에 등장하는 족장들은 하나님을 야웨로 부르지 않았다. 족장들에게 계시된 하나님의 명칭은 '엘 샤다

---

17 F. M. Cross, "el," *TDOT* 1, 242.
18 강사문, 『구약의 하나님』(서울: 한국성서학연구소, 1999), 17-19.
19 발터 침멀리, 『구약신학』, 61.

이'(אל שׁדי)이다. 엘 샤다이는 엘과 합성된 많은 명칭 중의 하나이다. 족장들은 엘 샤다이 라는 이름으로 야웨를 숭배했다(창 17:1; 28:3; 35:11; 48:3; 출 6:3). 엘 샤다이는 나중에 야웨와 동일시되었다. 여기에서 족장들의 종교는 이스라엘의 '정식' 야웨 종교의 서막과 같은 것으로 나타난다.[20]

족장 설화들에는 야웨를 포함하는 고유 명사가 전혀 나타나지 않으며, 도리어 모든 고유 명사는 엘을 포함하고 있다(예로 들면, 이스마엘). 우리는 개별적인 증거들을 서로 다르게 평가해야만 한다.

따라서 '엘-벧엘'이나 '엘, 이스라엘의 하나님'은 후대의 역사적인 발전의 산물일 가능성이 매우 크며, '엘-엘룐'은 확실히 그렇다.[21] 이들은 국가 이전 단계의 초기 이스라엘 가족들 안에서 엘 신의 다양한 지역적인 형태가 가족 신들로 숭배되었음을 암시한다.[22]

족장들은 '야웨'라는 이름을 알지 못했다. 그들은 하나님을 '엘로힘'으로 불렀다. 로저슨과 모벌리는 하나님을 엘로힘으로 부른 의미를 다음과 같이 설명한다.

> 이러한 명칭의 특징은 바로 야웨에 암시된 배타성(야웨는 특정한 한 민족, 이스라엘의 하나님이시다)이 없다는 것이다. 따라서 일반 사

---

[20] 라이너 알베르츠, 『이스라엘 종교사 1』, 강성열 옮김 (고양: 크리스챤다이제스트, 2003), 59.
[21] 라이너 알베르츠, 『이스라엘 종교사 1』, 165.
[22] 라이너 알베르츠, 『이스라엘 종교사 1』, 69.

람들이 '하나님'과의 관계를 담은 이야기들에는 개방성이 존재한다.[23]

로저슨과 모벌리에 따르면, 하나님께선 아브라함이나 요셉에게 대하는 방식으로 그랄 왕 아비멜렉(창 20장)이나 애굽의 왕 바로(창 41장)를 대하셨으며, 이들과 대화하실 때 일반적이며 배타적이지 않은 엘로힘으로 자신을 나타내셨다고 주장한다. 창세기 12-50장에 묘사된 하나님은 시종일관 개방적인데, 이는 하나님의 구원 역사를 강조하는 출애굽기 3장의 묘사와 두드러진 대조를 이룬다.

출애굽기 6장 3절에 따르면, 족장들은 하나님을 '야웨'가 아닌 '엘 샤다이'(אל שדי)라는 이름으로 알고 있었다. 엘 샤다이 하나님은 주로 미래에 주어질 복과 후손들을 약속하는 맥락에 등장한다(창 17:1; 35:11; 48:3; 49:25). 엘 샤다이는 전통적으로 하나님의 통치권을 표현하며 '전능의 하나님'으로 번역된다.[24]

이사야 19장 25절이 "내 백성 애굽이여, 내 손으로 지은 앗수르여, 내 기업 이스라엘이여"라고 말하듯, 하나님의 보편성은 이스라엘 한 민족에게만 국한된 것이 아닌 모든 민족에게로 향하고 있다.

엘로힘(אליהם)과 엘 샤다이(אל שדי)는 같은 명칭이 아니다. 두 명칭은 하나님의 다른 속성을 표현한다. 비록 명칭은 다르지만 '엘'(אל)이

---

23 J. W. 로저슨, R. W. L. 모벌리, 『창세기 연구 입문』, 139.
24 J. W. 로저슨, R. W. L. 모벌리, 『창세기 연구 입문』 139-140.

라는 보편적인 신명을 공유하며, 족장들의 하나님이 개방적이며 보편적인 하나님임을 보여 준다.

히브리 유랑민들이 메소포타미아를 떠날 때, 아마도 아모리족에 그 기원을 둔 것 같은 그들의 신 '샤다이'(창 17:1; 23:3; 35:11, 43:14; 48:3; 49:25; 출 6:3)를 포함해 그들의 종교적 신앙이나 관습을 그대로 갖고 갔다.

'샤다이'라는 이름은 '산(mountain)이신 분' – 즉, 우주적인 산에 거하는 높으신 신 –을 의미하기 때문에 이스라엘 조상들의 종교가 가나안의 만신(pantheon) 가운데 최고의 아버지 신(father-god)인 엘에 대한 신앙에 영향을 받았다는 것은 당연한 일이다.[25]

고대 이스라엘의 신명들이 수 세기에 걸쳐 변해 온 것은 역사적 사실이다. 이러한 변화들은 여러 면에서, 이스라엘 신앙의 발전과 밀접하게 관련된다. 이러한 통찰력은 구약성서에 있는 신명들을 연구하는 데 어떤 신중한 시도가, 고대 이스라엘의 신앙, 다시 말하면, 역사적인 역동성의 중요한 면을 필연적으로 깨닫도록 요구한다.

우리는 이러한 방법으로 고정하는 데서 벗어날 수 있다. 신의 실체는 너무 위대하므로 계속해서 새로운 상징 체계로 나타나며 표현되어야만 한다.[26]

---

[25] 버나드 W. 앤더슨, 『구약성서 이해』, 강성열, 노항규 옮김 (경기: CH북스, 1994), 66.
[26] 트리그브 메팅거, 『하나님의 이름들』, 29.

가나안에서 엘은 지역명과 함께 등장하는 경우가 많다. 이스라엘에서도 이러한 형식으로 하나님을 표현했다. 구약에서 '엘'은 다양한 형태로 등장한다. 살렘 왕 멜기세덱은 엘 엘욘(높으신 하나님)의 제사장으로서 엘 엘욘의 이름으로 아브라함을 축복했다. 엘 엘욘은 4회 사용되며, 1회는 아브라함 그리고 2회는 '하늘과 땅의 창조자'(קנה שמים וארץ/카나 샤마임 바아레츠)라는 신명과 연계되어 등장한다. '카나 샤마임 바아레츠'는 아차티와다(Azatiwada) 비문에서 발견되는 신명 'l qn 'rṣ에서 파생된 것이다(KAI 26 A.3:18-19).[27] 이 신명은 '하늘과 땅을 지으신 이'(עשה שמים וארץ/오세 샤마임 바아레츠)로 표기되기도 한다. 이러한 신명들은 하나님을 창조주로서 묘사한다.

이사야 40장 12-26절에는 하늘과 땅에 질서를 부여하신 높으신 하나님 엘(18절)에 대한 찬양시가 기록되어 있다. 하나님은 이스라엘의 하나님 야웨의 영을 지도하셨다.(13절). 야웨는 영원하신 하나님이며, 온 땅에 질서를 부여하신 분이다.

이사야 선지자는 40장 28절에서 백성에게 "너는 알지 못하였느냐 듣지 못하였느냐"라고 묻는다. 엘 하나님은 야웨에게 조언을 베푸시는 분이며, 그에게 정의의 도와 지식, 통달의 도를 가르치시고 교훈하신다(13절).

---

27 A Shade, "A Text Linguistic Approach to the Syntax and Style of the Phoenician Inscription of Azatiwada," *JSS* 50 (2005), 53-54; *COS* 2, 150; P. Miller, "El, Creator of the Earth," *BASOR* 239 (1980), 43-46.

야웨와 동일시되고 있는 엘 하나님의 통수권은 신조의 서두에 규칙적으로 등장한다. 우리 하나님은 죽음의 세력에서조차 우리를 구원하실 것이다. 그는 놀라운 능력의 하나님이시기 때문이다(비교. 사 64:24 이하).[28]

2) 요나서에 등장하는 하나님의 신명

요나서에 '엘로힘' 신명은 16회 등장한다. 1:5, 6 (2x), 9; 2:1, 6; 3:3, 5, 8, 9, 10 (2x); 4:6, 7, 8, 9. 반면, '엘' 신명은 1회(4:2) 등장한다. 엘로힘은 복수형이지만, 유일하신 하나님을 가리키는 데 사용된다(창 1:1; 왕상 11:33; 18:27). 그래서 엘로힘은 복수형을 통해 명예를 드높이는 '영광의 복수형'(plural of majesty)으로 이해되기도 한다.

이와 반대로, 복수형 엘로힘은 외국의 여러 신을 하나로 묶어서 가리킬 때도 사용된다(왕상 11:33; 왕하 1:2-3, 6, 16). 이 경우 외국 신들의 권위나 존재를 비꼬기 위해 사용한다.[29] 때론 엘로힘이 엘로 대체되어 사용되기도 한다(출 20:3; 34:14; 신 32:21; 호 8:6; 겔 28:2, 9).

---

[28] P. A. H. de Boer, "The Counsellor," M. Noth and D. W. Thomas (eds.), *Wisdom in Israel and the Ancient Near East Presented to Harold Henry Rowley* (VTS 3; Leiden: Brill, 1969), 47.

[29] Daniel O. McClellan, "'You Will Be Like the Gods': The Conceptualization of Deity in the Hebrew Bible in Cognitive Perspective" (Unpublished M.A. Thesis, Trinity Western University, 2013), 51-52.

요나 1장 9절의 "하늘의 하나님"(אלהי השמים/엘로헤 하샤마임)이라는 통칭은 이스라엘 백성이 야웨의 신원을 혼합주의적이고 다신론적인 이방인들에게 묘사하는 편의적 방법이었다. 야웨라는 이름에 들어 있는 발음 소리들은 비(非)이스라엘 백성에게는 그리 중요한 것이 아니었다. 이 시대는 수백 가지 다양한 신이 비옥한 초승달과 지중해 연안의 여러 지역에서 경배되던 시기였다.

후대 바사(페르시아) 시대에 이방 땅에 살던 유대인들은 옛 칭호(창 24:3, 7)의 이런 편리한 사용을 통해 곧잘 도움을 얻었을 것이다. 이 칭호는 "야웨는 어떤 신인가"라는 질문에 매우 훌륭하고 간단한 대답이었다. 그리고 야웨는 적어도 모든 신의 우두머리라는 것을 암시적으로 말해 주는 부가적인 장점이 있었다.

예를 들어, 수메르 사람들과 바벨론 사람들에게 아누(Anu)는 창조주인 하늘의 신이었고, 모든 신의 명목상의 지배자였다. 이는 그 신들의 거처가 하늘이었기 때문이다.

'하늘의 하나님'은 논리적으로 최고의 신이었다. 우리는 이 용어가 포로기 이후, 유대인들과 바사인들(바사인들이 유대인들을 상대하는 경우에) 모두에 의해 일반적으로 사용된 것을 발견하게 된다(대하 36:23; 스 1:2; 느 1:4, 5; 2:4). 이 용어는 또한 아람어에도 반영되었다 (אלה שמיא/엘라흐 셰마야, 단 2:18; 스 5:11; 7:12). 그리고 이 용어의 형식은 가나안-페니키아 신인 바알-샤멤(Baʻal-samem)의 이름에서도 병행적

인 모습을 가진다.[30]

요나는 자신의 믿음과 예배의 고백에 야웨를 위한 하나의 보편적 주장, 즉 바다에서 현재 벌어지고 있는 상황에 비추어 볼 때 매우 적절한 주장을 더 하고 있다.

'바다와 육지를 지은' 자로서 야웨의 명칭은 이스라엘의 신앙고백처럼 들리는 말이다. 그리고 이런 종류의 신앙고백 형식은 시편 95편 5절과 같은 찬송가에 반영되었을 것이다("바다가 그의 것이라 그가 만드셨고 육지도 그의 손이 지으셨도다." 참조. 시 135:7 출 10:13-19; 14-15; 민 11:31; 사 50:2; 렘 49:3-36; 암 4:13; 욥 26:12).[31]

엘 하나님은 야웨 하나님과 동등하다. 하지만, 이스라엘에 정의된 야웨는 엘 하나님에 수용된다. 그들이 스스로 전능하신 하나님의 범위를 제한시킨다. 모두를 포용하는 하나님을 인정하지 못하고 자신들만을 위한 편협된 하나님으로 규정한다. 그들이 부르는 야웨는 정말로 그들만의 신이 된다.

요나서에 나타나는 요나가 알고 있는 야웨 하나님은 더 이상의 정의가 필요 없을 만큼 선명하게 표현된다. 요나서의 내용 중에서도 요나가 나타날 때는 야웨라는 신명이 사용된다. 이때의 야웨는 이미 선원들과 선장이 인정한 전능하신 하나님으로 나타난다. 반면, 요나와 관계가 없는 구절에서는 야웨가 아닌 엘로힘으로 쓰인다. 요나 3장

---

30 O. Eissfeldt, "*Ba'al-samem und Yahweh*", *ZAW* 57 (1939), 1-31.
31 더글라스 스튜어트, 『호세아-요나』, 809.

3절 후반부 이후의 본문에는 야웨(יהוה)가 쓰이지 않고, 엘로힘(אלהים)이라는 어휘만 5회 쓰이고 있다(3b, 5, 8, 9, 10절).

왕이 선포한 조서(8절과 9절)에도 엘로힘이 사용되는데, 야웨를 알지 못하는 왕과 니느웨 사람들에게는 자연스러운 표현이다. 3장 3절에 나오는 '하나님께'라는 뜻의 렐로힘(לאלהים)이라는 용어는 엘로힘보다는 야웨라는 이름을 내포한 것으로 생각될 수 있다. 하지만, 만약 '이례적으로 엄청나게'라는 관용어구가 의도되어 있는 것이라면, 야웨는 그럴 때 엘로힘으로 대치될 수 없을 것이다.

그러나 화자는 이전의 이유가 명확하게 적용되지 않는 5절과 10절에서도 '엘로힘'이라는 용어를 사용한다. 이는 니느웨 사람들을 위해서는 '야웨'보다는 좀 더 중립적인 용어가 더욱 적절했기 때문이다.

만약 그렇다면 왜 화자는 1장 16절에서 '하나님께' 대신에 '야웨께' 희생 제물을 드리는 사공들을 말하고 있는 것인가?

그 대답은, 사공들은 요나가 관계하고 있는 하나님이 바로, '야웨'라는 사실을 알고 있었다는 데 있음이 틀림없다.[32] 실제로 1장 6절에서 선장은 요나에게 "네 하나님(אלהים/엘로힘)께 구하라"고 말한다.

여기서는 아직 선장이 요나의 하나님이신 '야웨'를 알지 못하지만, 9절에서 요나는 자신이 믿는 신이 '하늘의 하나님 야웨'라고 소개한다.

---

32   더글라스 스튜어트, 『호세아-요나』, 847-848.

14절에서 이제는 선장과 선원들이 요나가 믿는 신명, 곧 '야웨'로 기도한다. 기도의 응답으로 바다가 뛰노는 것이 그치자(15절) 그들은 '엘로힘'이 아닌 '야웨'께 제물을 드리고 서원한다. 이렇게 '야웨'의 신명과 '엘로힘'의 신명으로 구분된 이유는 충분하다.

그러나 니느웨 사람들은 그렇지 않았다. 요나는 요나 3장 3b절에서 야웨를 언급하는 것으로 그려지지 않는다. 그리고 야웨의 생략은 유연한 것이 아니다. 아마도 요나의 메시지는 '하나님'(אלהים/엘로힘)의 이름으로 전달되었을 것이다. 화자는 이런 사실을 들어 그것을 통해 '하나님'(אלהים/엘로힘)과 '야웨'를 미묘하게 동일시하고 있다.

이는 유일신적 청자·독자뿐만 아니라, 유일신적 화자에게도 그 용어들을 사실상 서로 바꾸어 쓸 수 있는 명칭들이다.[33]

다음은 요나서에서 요나와 관계된 '야웨'(יהוה)의 신명으로 쓰인 본문들이다.

> 1:1, "야웨의 말씀이"
>
> 1:3, "요나가 야웨의 얼굴을 피하려고"
>
> 1:4, "야웨께서 큰바람을 바다 위에 내리시매"(요나에게 내리는 폭풍으로)
>
> 1:10, "자기(요나)가 야웨의 얼굴을 피함인 줄을"

---

33 더글라스 스튜어트, 『호세아–요나』, 848.

1:14-16, "무리가 야웨께 부르짖어", "그 사람들이 야웨를 크게 두려워하여"(선원과 선장이 요나가 관계하고 있는 하나님이 '야웨'임을 알게 됨.)

1:17, 요나를 위한 물고기. "야웨께서 이미 큰 물고기를 예비하사 요나를 삼키게 하셨으므로"

2:10, "야웨께서 그 물고기에게 말씀하시매 요나를 육지에 토하니라"

3:1, "야웨의 말씀이 두 번째로 요나에게 임하니라"

3:3a, "요나가 야웨의 말씀대로"

4:2a, "야웨께 요나가 기도하여"

4:3, "야웨여 원하건대 이제 내 생명을 거두소서"

4:4, "야웨께서 이르시되 네가 성내는 것이 옳으냐"

4:10, "야웨께서 이르시되 네가 수고도 아니하였고"

다음은 '하나님'(엘/אל/אלוהים/엘로힘)의 신명으로 쓰인 본문들이다.

1:6, "네 하나님(엘로힘)께 구하라"(선장이 부르는 하나님)

3:3b, "하나님 앞에 큰 성읍이더라"

3:5, "니느웨 사람들이 하나님을 믿고"

3:9, "하나님이 뜻을 돌이켜"

3:10, "하나님이 그들이 행한 것"

4:2b, "재앙을 내리지 아니하시는 하나님이신 줄을 내가 알았음이니이다"(אל-חנון/엘 하눈, '은혜로우신 하나님')

4:7, "하나님이 벌레를 예비하사"

4:8, "하나님이 뜨거운 동풍을 예비하셨고"

요나 4장 2절의 경우, 전반부(4:2a)인 요나의 기도 장면에서는 신명이 야웨로 사용되었다. 그러나 후반부(4:2b)에서는 재앙을 내리지 않으시는 '은혜로운 하나님'(אל-חנון/엘 하눈)으로, 모두를 아끼시는 보편적인 신명인 '엘로힘'으로 표현된다. 요나는 이와 같이 본인의 뜻과는 상반되는 엘로힘의 긍휼이 니느웨 백성에게 임할 것을 이미 알고 있었다.

스튜어트는 요나서 4장에 사용된 하나님의 이름의 형태를 무작위적인 것으로 보고 있다. 야웨는 첫 번째 부분(1-4절)에서만 전적으로 4회 사용된다. 나머지 부분에서 야웨는 1회(10절), 엘로힘은 관사 없이 1회(9절) 그리고 관사와 더불어 1회(7절) 그리고 야웨-엘로힘은 1회(6절) 사용된다.

후자의 경우, 구약의 다른 곳에서는 보편적인, 복합적인 하나님의 이름이 요나서에서는 유일한 용법으로 쓰이는 것을 보여 준다. 여기서 스튜어트는 하나님의 이름의 다양한 형태 속에서 특별한 의미를 찾아보려고 한 시도들은 설득적이지 못하다고 말한다.[34]

---

34   더글라스 스튜어트, 『호세아-요나』, 873.

그러나 본문을 좀 더 세심히 살펴보면 요나서 저자의 섬세함을 찾아볼 수 있다. 요나 4장 6절 전반부의 주인공은 요나인 것 같이 보이나, 실상은 박넝쿨을 창조하신 하나님(אלהים/엘로힘)이시다. 이 장면에서 요나는 박넝쿨을 창조하시는 하나님을 목격하게 된다. 하나님은 친히 창조하신 박넝쿨을 요나에게 선사하신다.

요나서 중 여기에서 유일하게 '야웨-엘로힘'의 신명이 쓰인 이유는 다음과 같은 두 이름을 모두 수용하기 위함이다.

첫째, 박넝쿨을 창조하신 하나님(אלהים/엘로힘)
둘째, 요나가 섬기는 야웨

이처럼, '하나님 야웨'의 신명에는 두 가지 요소가 있다. 하나는, 요나를 위한 하나님의 창조적 사건(박넝쿨 예비)이요, 다음은 요나를 위한 구원의 사건이다. 창조적 사건은 '엘로힘'에 의한 것이고, 구원의 사건은 '야웨'로 인한 것이다. 창조적 사건과 구원 사건의 결합은 자연스럽게 야웨와 엘로힘을 하나의 신으로 표현한다.

요나를 위한 창조적 사건(박넝쿨, 벌레)은 '하나님'(אלהים/엘로힘)이시지만, 요나를 위한 구원의 은혜는 '야웨'로 나타난다. 요나가 박넝쿨로 말미암아 크게 기뻐하는 것은 야웨와 연관이 있으나, 박넝쿨은 창조 하나님과 연관이 있다.

요나 4장 6절에서 '야웨-엘로힘'의 신명이 사용된 이유는, 요나가 섬기는 야웨만을 강조하기에는 본문의 내용이 전하고자 하는 내용과 너무 상반되어 일방적이고, 반대로 엘로힘만을 사용하기엔 자신들만(선택받은 민족, 이스라엘)의 구별된 정체성이 사라질 수 있기 때문에 '야웨-엘로힘'의 신명을 사용한 것으로 보인다.

요나 4장 9절은 예외적으로 '엘로힘'의 신명(אלהים אל־יונה/ 엘로힘 엘 요나)으로 요나에게 말씀하신다. 이 구절에서는 구속의 하나님이신 '야웨'는 사라지며, 오직 창조주이신 '엘로힘'의 신명으로 피조물인 요나를 상대하신다.

하나님의 창조 행위는 타당한 이유가 있는 창조요(박넝쿨), 또 다른 창조(벌레)도 역시 하나님의 주권적 행사이다. 그 어느 피조물도 하나님이 하시는 일에 이견을 제시할 수 없다.

하지만, 요나는 끝까지 하나님을 대적(요 4:1, 3, 9)한다. 요나의 이러한 행동이 세상에 혼돈을 가져오는 경우라 할 수 있겠다.

하나님을 대적하는 자가 누구는 대적하지 않겠으며, 그 누구를 두려워하겠는가?

이러한 맥락으로 볼 때, 하나님의 주권을 강조하는 요나 4장 9a절과 요나가 하나님의 주권에 죽음으로 대항하는 4장 9b절은 창조와 혼돈의 대립 관계이다.

2. 선원들의 자연 이해

요나서에서 하나님은 폭풍을 통해 그의 권능을 표출하신다. 가나안에서 폭풍의 신은 비를 통해 풍요로운 열매를 맺게 한다. 하지만, 요나서에서 하나님은 폭풍을 통해 풍요가 아닌 파괴의 힘을 보이신다.

우가릿 문헌에서 '발루'(Ba'lu)는 바다의 신 '얌무'(Yammu)와의 싸움에서 승리 후 왕으로 등극한다.[35] 시편 29편은 이러한 발루 신화를 채용한 것으로 알려졌는데, 10절에 야웨께서 "홍수 때에" 영원토록 왕으로 좌정하셨다고 선언한다. 바다 괴물을 물리친 가나안 신화적 모티브는 하나님의 창조 능력과 권세를 찬양하는 데 사용된다(사 27:1; 시 74:13-17; 욥 26:13).[36]

수호신은 대개 우주적 신이 아니었으므로, 선장과 선원들은 자기의 개인적인 혹은 가문의 신이 폭풍을 보냈으리라고는 생각하지 않았을 것이다. 고대 세계의 다신론적 배경에서, 일반적으로 어떤 현상을 확고하게 신의 활동으로 믿는 것은 가능했지만, 어떤 신이 왜 그렇게 하는지를 알려고 하는 것은 전혀 별개의 일이었다.

선원들은 폭풍을 보낼 만큼 화가 난 신이 누구든지 간에, 자신의 수호신 중 하나가 어떻게든 그 신을 말려 줄 수 있기를 희망하며 자

---

[35] Mark Smith, *The Ugaritic Cycle. Volume 1* (Leiden: Brill, 1994), 319-62; Green, *The Storm-God in the Ancient Near East*, 178-88.

[36] J. Day, *God's Conflict with the Dragon and the Sea* (London: Cambridge, 1985)

신들의 신들을 큰 소리로 외쳐 불렀다.

그들은 회개 기도가 아니라 도움을 요청하고 있었다. 하나라도 많은 신을 부르는 것이 낫다고 여겼기에 선장은 요나를 깨워 그의 수호신에게도 탄원하도록 했다.[37]

선장과 선원들은 다신론자이며 아마도 혼합주의자일 것이다. 그들의 믿음 체계 안에는 많은 신과 여신들이 있었다. 당시, 팔레스타인에 살았던 대부분의 사람은 다음과 같은 세 가지 종류의 신을 믿었다. 개인적인 관심들과 관련해 예배를 드리는 개인적인 신들, 가족이 예배를 드리는 가족 신들 그리고 전(全) 민족의 보호자이며 동기 부여자로서 예배되는 국가적 신들이다.

선장이 요나에게 "네 하나님께 구하라"고 말한 것은 이방인인 요나가 배에 탄 다른 사람들과는 다른 신을 따르는 자로 본 선장의 생각을 반영한다. 즉, 모든 사람은 재난의 시기에 부를 개인적인 신을 가지고 있으며, 요나의 신이 승선한 사람들의 신들보다 독특한지 그렇지 않은지는 몰라도, 그에게 간구해야만 한다는 확신을 선장은 갖고 있었다.[38]

고대 근동 사람들 각자의 삶에서 가장 중요한 것은 그들이 사는 나라의 신이었다. 고대인들은 개인, 가족 그리고 나라와 관련된 세 가지 종류의 신을 믿었다. 하지만, 여러 나라의 탄생과 제국의 등장으

---

37 존 윌튼, 빅터 매튜스, 마크 샤발라스, 『IVP 성경 배경 주석』, 1128.
38 더글라스 스튜어트, 『호세아-요나』, 805.

로 요나 당대 사람들의 개인적인 신들은, 그들의 나라의 신들과 뒤엉켜 연결되었다. 적어도 팔레스타인에서는 나라의 신들이 점차 개인적인 신들로서 역할을 하게 되었다.[39]

더욱이 선원들은 요나가 팔레스타인 사람일 것으로 생각할 분명한 이유가 있었다. 그 배는 팔레스타인 항구에서 출항했고, 요나는 아마도 팔레스타인 사람처럼 말했으며, 그들의 옷과 같은 것을 입고 있었기 때문이다.

예를 들어, 만약 요나가 그리스인이나 애굽인 혹은 앗수르인이었다면, 요나의 옷차림은 물론이고 선원들이 사용하는 가나안어(블레

---

39 우가릿 문헌과 구약성서의 일신론에 관한 논쟁은 현재 드 모어(J. C. de Moor)와 스미스(M. S. Smith)가 주도하고 있다. 드 모어는 아케나텐의 일신론이 후기 청동기 시대에 있던 가나안의 다신론에 위기를 가져왔다고 주장한다.(J. C. de Moor, *The Rise of Yahwism: The Roots of Israelite Monotheism* [Leuven: Peeter, 1997], 71-102; idem., "The Crisis of Polytheism in Late Bronze Age Ugrit", *Oudtestamentische Studien* 24 [1996], 1-20). 다신론은 더 이상 실재하는 것으로 이해하기 어려우며, 종교적 염세주의로 흘렀다는 것이다. 이 종교적 염세주의는 우가릿 신화에 반영되어, 엘의 영향력은 축소되어 나타난다. 철기 시대로 넘어와서 이러한 종교적 경향성은 이스라엘의 일신 숭배(monolatry)로 이어졌다는 것이 드 모어의 설명이다. 드 모어가 일신 숭배를 일신론과 동일한 것으로 보자, 스미스는 그럼 왜 실제적인 일신론적 표현들이 기원전 6-7세기경의 이스라엘 역사에 그렇게 많이 나타나는지에 대한 설명이 부족하다고 이의를 제기한다. 그러면서 스미스는 일신론적 주장이 기원전 6-7세기경의 유대의 일신 숭배의 특별한 표현이었다고 해석한다(Smith, *The Origins of Biblical Monotheism*, 135-194). 또한, 드 모어는 KTU 1.1 iv에 나오는 우가릿어 자음 yw(야우/주)와 히브리어 자음 יהוה(야웨/주)를 동일시하며 이것을 철기 시대 이전의 것으로 가정한다. 그는 또 후기 청동기의 다신론 신앙이 빛을 잃어감으로 일신론이 대두되었다고 말한다(와이엇은 드 모어의 이론을 지지하고 있다. N. Wyatt, *Myths of Power: A Study of Royal Myth and Ideology in Ugaritic and Biblical Tradition* [Münser: Ugarit-Verlag, 1996, 326-327). 조상열, "우가릿 문헌과 구약성서의 관계: 최근 연구 동향,",「구약논단」28(2008), 128-141.

셋, 이스라엘, 유다, 에돔, 베니게 등등의 넓은 범위의 방언)에 대한 언어 능력도 유창하지 않았을 것이며, 요나의 이방 억양은 더욱 분명하게 드러났을 것이다.

그렇다면 그 선원들이 구체적으로 알기 원했던 것은 요나가 팔레스타인 어느 나라에서 왔느냐였을 것이다. 개인은 각각 어떤 나라의 신을 가지고 있다. 이런 사실은 적어도 요나가 어떤 신을 '두려워하는지'(참조. 왕상 11:5-7)를 그들에게 알려 줄 수 있었을 것이다.[40]

선장과 선원들은 신들이 자신을 숭배하는 자들을 보호한다고 믿었기 때문에 요나의 충고를 마지못해 따랐다. 그러나 요나를 바다에 던져 죽게 한다면, 그의 하나님으로부터 보복을 당할지도 모른다고 생각했다. 이러한 과정에서 선원들은 요나가 섬기는 신이 자신들의 신들과는 차원이 다름을 알게 되어 더욱 놀란다.

선장과 선원들의 기도가 성취된 것이라면 그 기도를 들어준 신은 단 한 분이신 그분이다. 신은 능력이 있다. 그들의 기도를 들어줄 수 없는 거짓 신은 신이 아니다. 단지 우상일 뿐이다. 우상은 인간의 편협된 집착에서 만들어진다. 자신들의 요구가 합당한지 먼저 생각하지 않고, 착취하려는 마음이 앞설 때 우상은 만들어진다.

역사적으로 살펴보아도 거짓 신들이 생겨난 이유는 모든 집단과 나라, 제국들이 자신들의 필요와 성취의 도구 또는 정치적 도구와 목적 성취의 구실로서 자신들만의 거짓 신(우상)을 만들어 왔기 때문이

---

[40] 더글라스 스튜어트, 『호세아-요나』, 808.

다. 유일신이신, 하나님의 뜻과는 언제나 상관이 없었다.

여기에서 요나서는 모든 사람에게 공평하신 창조적 하나님의 뜻을 분명히 전한다. 그리고 그들은 생전 처음 들어보는 창조적 하나님에 대해 매우 놀란다. 바다가 고요해지자 선원들은 제사와 서원으로 응답했다. 곡식을 제물로 바쳤을 가능성이 가장 큰데, 나무로 만든 배 위에서 번제를 드리기보다는 바다에 곡식을 던졌을 것이다. 구약성서와 고대 세계에서 서원은 전형적으로 희생 제의와 관련된다.

예를 들어, 선원들은 이 사건에 대한 연례 행사로 매년 어떤 종류의 기념적 희생 제물을 야웨께 바치겠다는 서원을 했을 수 있다. 서원은 선원들이 신의 능력으로 어떤 현상을 경험했다는 점을 인정하는 것이다. 그러나 본문은 그들이 자기 신들을 버리고 야웨를 유일신 신앙으로 받아들였다는 암시는 주지 않는다. 어떤 한 신의 능력을 인정했다고 해서 곧 다른 신들에 대한 숭배를 배제한다는 것은 아니다.[41]

보편적으로 인간은 세상을 살아가는 동안 지역과 환경에 상관없이 어느 신(신들)을 믿고 섬기게 되는데, 여기서 우러나는 신앙심은 인간 본연의 모습이다. 인간은 신(신들)을 바라보고 살아가게끔 창조되었고, 그 질서 속에서 어떻게 살아가는지가 중요한 관건이 된다.

신을 믿고 섬기는 데 있어서, 어떤 신이 중요하다기보다 자신이 믿고 있는 신을 얼마나 신뢰하는지가 더 중요하다. 대다수 사람이 신을

---

41 존 월튼, 빅터 매튜스, 마크 샤발라스, 『IVP 성경 배경 주석』, 1129.

알고 믿기보다는, 믿고자 하는 마음에서 신을 믿는다. 결국, 어떤 신이냐보다, 자신에게 상관 있고 유익한 신인지가 중요하다.

사도행전 17장 22-23절에서 바울도, 아덴 사람들에게 "범사에 종교성이 많다"고 칭찬하면서 '알지 못하는 신'에게 넘치는 종교성으로 무작정 믿는 그들을 보고 그 대상을 알려 주겠다고 한다.

요나서 1장에 등장하는 선장과 선원들도 이와 같은 넘치는 종교성으로, 어떤 신인지도 모르고 자기 신들에게 기도했고, 요나에게도 네가 믿는 신에게 도움을 받을 수 있도록 기도하라고 강요한다.

선장과 선원들이나 아덴 사람들이나 자신들이 진심으로 믿고 섬기는 신이기에, 자신들을 보호하고 축복하리라 확신한다. 어찌 보면 가장 이상적인 보편적 종교성이며, 자신들이 믿는 신의 이름은 명확히 모르지만, 자신들을 돌보고 지켜 주고 복을 주고, 반대로 죄를 지으면 벌을 받는다는 보편적인 신성을 잘 파악하고 있다고 볼 수 있다.

하나님은 이러한 순진한 종교성을 자신의 이름을, 즉 명확히 밝히지도 않은 신명을 아는 것보다 더 기뻐하실 것이다.

3. 큰 물고기 사건에 반영된 창조신학적 언어와 사상

1) 스올의 뱃속

요나서는 구원의 하나님보다 창조주 하나님의 능력에 초점을 두고 있다. 그는 폭풍우를 잔잔하게 하시는 하나님, 하늘과 바다의 하나님을 찬송한다. 또한, 그는 물고기 뱃속에서, 인간의 능력으로는 다다를 수 없는 바다 밑까지 그 권능을 펴고 계신 하나님을 경험했다.

큰 물고기에 갇힌 요나는 자신이 죽은 것으로 생각했다. 그는 산의 뿌리로 내려가 지하 세계를 가리키는 땅의 빗장에 갇혀 있다고 생각했다. '산의 뿌리'(לקצבי הרים/키츠베 하림, 2:6)와 '땅의 빗장'(ברחיה/ 브리헤하)이라는 어구들은 모두 죽음과 관련된 고대 근동과 구약의 이미지에 그 토대를 두고 있는 표현들이다.[42]

리처드 클리포드(Richard Clifford)는 요나 1장 17절(히브리 성서 2:1)의 '발라'(삼키다)와 그에 수반되는 시편이 우가릿 문학에 묘사된 것처럼 '모트'(Mot)의 영역에 대한 훌륭한 설명을 제공한다고 지적한다. 이 텍스트에서 모트는 탐욕스러운 괴물로 묘사되며, 그의 굴레는 저승의 산기슭까지 내려가기 위해 아래로 내려간다(비교, 욘 2:7).

요나는 물고기 뱃속에 삼켜질 때, '스올의 뱃속'(בטן שאול/베텐 슈올)에 있다고 말한다(2:2). '스올의 뱃속'이라는 문구는 구약성서에서 오

---

42 더글라스 스튜어트, 『호세아-요나』, 834.

직 이곳에만 나오며, 깊은 절망에 빠져 있음을 표현한다.

'스올'이라는 용어는 다른 셈어 언어에서는 찾아볼 수 없지만, 아카드어에서는 '아랄루'(*arallu*) 혹은 '돌아오지 않는 땅'과 같다. 스올은 구약성서에서 66회 등장하며, 항상 땅속 깊은 곳에 있는 죽은 자들의 왕국을 의미한다. 스올의 동의어는 '아바돈'(אבדון/멸망의 장소), '키베르'(קבר/무덤), '샤하트'(שחת/구덩이), '에레츠'(ארץ/땅)와 같은 단어들이다.

스올은 소유물이 상실된 곳이고(시 49:17), 기억이 상실된 곳이고(시 88:11, 13), 지식이 사라진 곳이며(전 9:10), 돌아올 가능성이 없는 곳이다(욥 7:9; 10:22; 16:22). 그곳은 완전히 마지막 끝이다(렘 51:39; 욥 14:12).[43]

스올은 문들에 의해 닫히고(사. 38:10) 창살로 둘려(욘 2:7) 포로가 된 장소이다. 그곳은 가장 낮은 지점(신 32:22; 사 7:11)이며, 종종 가장 높은 하늘과 대조적으로 사용된다(암 9:2; 시 139:8).

그곳은 어둠(애 3:6; 시 88:13)과 침묵(시 31:17-18)의 장소이다. 등잔이 철기 시대 이스라엘 무덤에서 발견되는 가장 흔한 물건 중 하나인 것은 당연하다. 스올은 대적이다.

---

[43] Reed Lessing, "Dying to Live: God's Judgment of Jonah, Jesus, and the Baptized," *Concordia Journal* January (2007), 10-11.

> 그들은 양 같이 스올에 두기로 작정 되었으니 사망이 그들의 목자일 것이라(시 49:14).

> 족하다 하지 아니하는 것 서넛이 있나니 곧 스올과 아이 배지 못하는 태와 물로 채울 수 없는 땅과 족하다 하지 아니하는 불이니라"(잠 30:15-16).

스올의 영역은 비록 야웨의 능력 밖에 있지는 않지만, 그의 존재 너머에 있다(암 9:2; 잠 15:11; 시 139:8). 스올은 야웨의 존재와 반대되는 신학적 극단이며, 그곳 주민들의 주된 특징은 야웨로부터 떨어져 있다는 것이다. 특징적으로, 사람들이 야웨로부터 단절되고 잊히는 '잊음의 땅'(시 88:12)이다. 스올은 하나님을 잊는 악인(시 9:17; 31:17; 55:15)에게는 적합한 곳이지만 의인들은 두려워하는 곳이다(시 16:10; 30:3; 49:15; 86:13).

스올은 종종 악인들과 연관되어 있으므로, 그 용어는 종종 '지옥'으로 번역된다. 그곳의 거주자들은 종종 일반적인 용어로 사악한 사람들(사 5:14; 시 9:17), 죄인들(욥 24:19), 어리석은 부자들(시 49:14), 사기꾼들(시 28:15, 18), 그리고 부도덕한 사람들(잠 5:5; 7:27)로 묘사된다.

이들 중 얼마는 이름이 밝혀져 있는데, 고라와 그 무리(민 16:30, 33), 요압과 시므이(왕상 2:6, 9)가 그들이다. 거주민들 또한, 사르곤 2세(사 14:11, 15), 애굽인(사 31:15-17), 그리고 많은 다른 사람(사 32:18-32)처럼 이스라엘의 적일 수도 있다.

그러나 일부 의로운 사람들도 스올로 내려갈 수 있다고 여겨졌다. 이들은 야곱, 히스기야, 욥, 시인들, 그리고 요나(창 37:35; 사 38:10; 욥 17:13-16; 시 88:4; 욘 2:2)이다. 이들은 각각 상실, 질병, 고통, 포기 등 극단적인 시련의 맥락에서 스올에 갔다고 말한다. 그러나 야곱은 가족과 이집트에서 행복하게 재회한 후, 야곱의 말에는 스올에 대한 언급이 눈에 띄게 없어졌고, 히스기야는 그가 치유된 후 더 이상 공포를 불러일으키지 않는다.

결국, 우리는 의인들이 불행하거나 때아닌 죽음을 맞이할 때만 스올을 이야기한다고 결론을 내릴 수 있다. 그들은 이를 하나님의 벌로 해석한다. 반대로, 그들이 충만하고 행복한 삶의 끝에서 만족스러운 죽음을 맞이할 때, 스올에 대한 언급은 없다.[44]

요나서에 사용된 '스올의 뱃속'이라는 표현은 구약성서에 1회만 등장한다. 이 단어는 '스올'과 '뱃속'이라는 비슷한 의미를 가진 두 개의 단어를 병렬시켜 요나가 아주 깊고 어두운 곳에 갇혀 있음을 강조한다. 따라서 스올을 지옥이나 지하 세계와 같은 종교적 의미로 해석해서는 안 된다.

스올은 창세기 1장 2절의 깊음(트홈)의 해석과 유사하다. 트홈을 깊은 어둠으로 해석할지 신화적 자취로 해석할지 논란의 여지가 있다. 창세기의 저자는 신화적 의미를 지닌 '트홈'을 빌려 깊은 어둠을 강조한 것으로 보인다. 따라서 '트홈'에서 더 이상 신들 사이의 전쟁

44　Lessing, "Dying to Live" 12.

에 대한 신화적 자취는 남아 있지 않다. 요나서의 '스올' 사용도 이와 비슷하다.

요나서의 저자는 '스올'이라는 단어를 통해, 신화 속에 등장하는 스올의 깊고 어두운 측면을 강조하려 한 것으로 보인다. 그러므로 형용사적으로 사용된 '스올'의 종교적, 신화적 의미를 찾는 노력은 불필요해 보인다.

'배'(בטן/베텐)라는 용어는 오히려 요나의 상황에 직접 연결되는 3절에 나오는 어휘다. 흥미롭게도, 요나서의 산문 부분은 이 용어를 사용하지 않고, 그 대신 '속에'(במעי/비므에)라는 용어를 사용해 물고기 속에 요나의 위치를 묘사한다. 비록 '하나님의 배'라는 어구가 욥기 20장 15절에 상징적으로 암시되긴 하지만, '스올의 배'(בטן שאול/베텐 슈올)라는 어구는 구약의 여기서만 독특하게 쓰인다.

'스올의 배'라는 용어를 사용하고 있는 이 시는 심각하고 생명을 위협하는 상황을 위해 의도적으로 사용된 것을 보여 준다.[45]

---

45 더글라스 스튜어트, 『호세아-요나』, 832.

2) 큰 물고기

시편 104편 24-25절은 바다에 대한 하나님의 통치 개념을 다음과 같이 확장한다.

> 야웨여 주께서 하신 일이 어찌 그리 많은지요. 주께서 지혜로 그들을 다 지으셨으니 주께서 지으신 것들이 땅에 가득하니이다 거기에는 크고 넓은 바다가 있고 그 속에는 생물 곧 크고 작은 동물들이 무수하니이다(시104:24-25).

시편 104편은 광활한 바다의 영역, 무수한 생물, 위협적인 괴물, 항해하는 배의 존재는 모두 주님이 행하신 일의 다양한 경이로움을 설명하는 역할을 한다.

이 시편은 기후 현상과 생태 현상을 결합하여, 창조의 조화에 대한 총체적이고 프로그램적인 개념을 암시한다(10-14절). 바다의 생물 중에서, 배는 바다 괴물, 즉 리워야단과 함께 기이한 것으로 언급된다.

> 거기에는 크고 넓은 바다가 있고 그 속에는 생물 곧 크고 작은 동물들이 무수하니이다 그곳에는 배들이 다니며 주께서 지으신 리워야단이 그 속에서 노나이다(시 104:25-26).

시편 104편에서 볼 수 있듯, 하나님의 기쁨을 위해 창조된 리워야단과 인간이 만든 배를 병치함으로써, 지혜자들은 배를 하나님의 창조를 성찰하는 대상으로 삼고 있다.[46]

크리스토프 울링거(Christoph Uehlinger)는 "시편 104편 25-26절의 리바이어던과 배"에 관한 연구에서 시편 104편이 배와 리워야단을 평행하게 배치한 것은 가나안과 페니키아의 우주론적 배경 때문이라고 주장한다.[47] 그는 텔 엘 다바(Tell el-Dabʻa)의 원통 인장에 새겨진 여러 가지 형상은 시편 104편이 우주론적 창조를 문학적으로 어떻게 각색했는지를 잘 보여 주는 예시라고 주장한다(그림).

[그림 1] Christoph Uehlinger, "Leviathan und die Schiffe in Ps 104, 25-26," *Bib* 71 (1990), 516.

46　Forti, "Of Ships and Seas," 365-366.
47　Christoph Uehlinger, "Leviathan und die Schiffe in Ps 104, 25-26," *Bib* 71 (1990), 499-526.

이들은 바알 신과 관련된 가나안과 페니키아의 문화적 배경을 떠올리게 한다. 요나서가 바다, 바다 생물, 기타 동물들을 하나님의 우주적 섭리에 대한 증거로 사용하는 것은 창조에 대한 보편주의적 개념을 담고 있는 여러 시편과 공통점을 가진다.[48]

요나와 시편 107편 21-30절을 비교하면, 바다에 대한 하나님의 섭리라는 개념과 요나가 믿는 하나님의 우주적 본성 사이의 연관성을 알 수 있다. 23-30절은 요나서 이야기의 개요와 강력한 공명을 일으킨다. 두 본문 모두 폭풍우 치는 바다에서 조난당한 선원들이 하나님께 구조해 달라고 부르짖는 장면을 묘사한다. 중요한 것은, 두 이야기에서 숙련된 선원들은 바다를 통제할 수 없는 무력한 존재로 기술되며, 그들이 하나님의 뜻에 의존한다는 점이다.

시편 107편의 마지막 부분(33-43절)은 '야웨의 변함없는 사랑'을 마음에 새기라는 지혜로운 훈계로 마무리된다.

> 지혜 있는 자들은 이러한 일들을 지켜보고 야웨의 인자하심을 깨달으리로다 (시 107:43).[49]

인간의 취약성에 관한 생각은 시편 107편에서 여러 구절(4절, 12절, 18절)을 통해 표현된다. 이들 중에서 특히, 선원들은 조난과 구원의

---

48 Forti, "Of Ships and Seas," 373.
49 Forti, "Of Ships and Seas," 368-9.

틀에 '지혜의 기술'을 포함한 유일한 예이다.

그러나 바다의 폭풍을 통제하고 배를 목적지까지 인도하는 하나님의 독특한 우주적 능력은 창조의 섭리 개념에 통합되어 있다. "거친 바다에서 무역하는"(23절) 선원들은 "깊은 곳에서 야웨의 일과 그의 기이한 일"(24절)을 목격하는 증인이 된다.

에스겔 27장은 인간의 항해 기술에 대한 하나님의 궁극적인 통제를 표현하는 또 다른 예로, 두로 선원들의 전문성을 창조 신화의 틀 안에서 인간의 교만이라는 은유로 사용한다. 여기서도 숙련된 선원들의 몰락은 신이 보낸 동풍에 의한 '우주적 배'의 난파라는 모티브와 연결된다. 배의 침몰을 통한 두로의 몰락에 대한 예언자적 관점은 하나님의 창조 우주적 차원과 그의 우주론적 정의를 강조한다.[50]

학자들은 요나서에서 '큰 물고기'라는 모호한 수식어의 의미에 대해 깊이 고민해 왔다. 음식 규정의 맥락에서 볼 때, 아가미와 비늘을 근거로 한 구분을 제외하고는, 성경이 물고기에 관해 구체성이 부족하다는 것이다. 그러나 70인역은 '다그 가돌'(דג גדול)을 '케토스'(κῆτος), 즉 '바다 괴물, 고래'라고 부르며 좀 더 구체적으로 표현한다. 욥기 3장 8절의 리바이어던과 욥기 26장 12절의 라합도 마찬가지이다.

---

50 Forti, "Of Ships and Seas," 369.

따라서 요나서에 나오는 물고기는 베헤모트, 리워야단,[51] 타닌, 라합, 테홈과 같은 놀라운 생물과 연관되어 있으며, 모두 하나님의 능력과 전지전능함을 설명하는 역할을 한다.[52]

요나서의 저자는 명사 물고기 앞에 큰(גדול/가돌)이라는 형용사를 붙였다. 하나님이 보내신 바람과 폭풍과 니느웨의 악과 선원들의 두려움에도 형용사 '가돌'이 덧붙여져 있다. 이 형용사는 이야기 전체에 울려 퍼져 특정 힘이나 크기를 부여하고 더 큰 차원을 만들어 낸다.[53]

동물이 하나님의 대리인 역할을 하는 모티브는 성경의 에피소드에서 드물지 않다.[54] 가장 흥미로운 것 중 하나는 말하는 '당나귀'로, 아이러니하게도 발람보다 동물에게 선견지명이 있을 수 있다는 교훈을 주는 것이다.

---

51 리워야단(바다괴물 혹은 악어)은 구약성서에 6회 등장한다. 욥기에 2회(3:8; 40:25), 시편에 2회(74:13: 104:25), 그리고 이사야에 2회(27:1[x2]) 등장한다. 성경에 이 단어가 사용된 상황은 고대 근동 전승과 연계되어 있다. 그래서 창조 신화에서 적대 세력으로 등장하는 바다 괴물을 연상케 한다. S. R. Driver and G. B. Gray, *Job* (ICC; Edinburgh: T. & T. Clark, 1977), 366; J. G. Gammie, "Behemoth and Leviathan: On the Didactic and Theological Significance of Job 40:15-41:26," J. G. Gammie et al (eds.), *Israelite Wisdom: Theological and Literary Essays in Honor of Samuel Terrien* (New York: Union Theological Seminary, 1978), 217-31.

52 Forti, "Of Ships and Seas," 372.

53 Forti, "Of Ships and Seas," 372.

54 Y. Shemesh, "And Many Beats (Jonah 4:11): The Function and Status of Animals in the Book of Jonah," *JHS* 10 (2010), 1-26.

신성한 임무를 위해 모집된 동물은 때때로, 자신의 본능에 반하는 행동을 요구받기도 한다. 하나님의 명령을 받은 까마귀들이 스스로 먹이를 구하지 않고, 선지자 엘리야에게 빵과 고기를 공급한 것이 그 예이다(왕상 17:4).[55]

선지자 요나를 삼키기 위해 하나님이 보내신 큰 물고기는 열왕기상 13장에 등장하는 '하나님의 사람'인 노인을 죽이기 위해 하나님이 보내신 사자와 분명한 연관성이 있다. 그러나 요나의 시편이 물고기 뱃속에서 낭송된다는 사실 자체가, 참회와 슬픔의 시편이라는 점에서 초점을 책망에서 회개로 전환한다.

따라서 '큰 물고기'는 요나가 자신의 사명에 다시 헌신하고, 회개라는 하나님의 보편적 메시지를 선포할 수 있는 기회를 제공하는 매개체 역할을 한다.[56]

본문에서 물고기는 하나님 말씀에 따라 행한다(2:10). '지명하다', '구체적으로 지정하다', '임명하다'라는 뜻의 마나(מנה) 동사의 피엘은, 하나님이 오래전에 어떤 특별한 물고기를 만드셨거나, 아니면 이미 존재하는 물고기를 변형하여 72시간 동안 사람이 생존할 수 있게 하셨다는 것을 암시해 주는 것이 아니다.[57]

---

55 Forti, "Of Ships and Seas," 372.
56 Forti, "Of Ships and Seas," 372-373,
57 Robert Dick Wilson, "The Authenticity of Jonah," *Princeton Theological Review* 16 (1918), 248-261.

이야기는 그 물고기가 어떤 종류였으며, 요나가 그 속에서 어떻게 생존할 수 있었는지 혹은 그와 같은 다른 질문들에 대한 대답을 구체적으로 해 주지 않는다. 야웨는 자신이 폭풍을 일으키는 바람을 불게 하고 싶을 때, 쉽게 주변에 바람을 일으키실 수 있다. 물고기를 통해 물에 빠져 죽는 누군가를 기적적으로 구원하는 것은 그리 커다란 위업이 아니다. 기적은 인간적인 응답이나 설명을 넘어서는 하나님의 행위이다.

요나를 뱃속에 품고 살아 있게 한 물고기가 어떤 물고기인지를 알아내기 위한 과거의 수많은 노력은 잘못된 시도들이다.

심지어 요나 자신도 어떻게 그 물고기를 알 수 있었겠는가?

사람이 속에서 살 수 있는 물고기는 어떤 종류인가 하는 것은 성서의 관심사가 아니다.[58]

요나 1장 17절(히브리 성서 2:1)에 따르면, 하나님은 물고기를 예비하시고 요나를 삼키게 하셨다. '예비하다'로 번역된 히브리어 마나(מנה)는 요나서 전체에서 4회 사용되었다(1:17; 4:6, 7, 8). 이 동사의 목적어는 늘 사물이지만, 주어는 하나님이다.

야웨(יהוה)께서 큰 물고기를 예비하셨고(1:17), 하나님 야웨(יהוה-אלהים)께서 박넝쿨을 예비하셨으며(4:6), 하나님(אלהים)께서 벌레를 예비하셨고(4:7), 하나님(אלהים)께서 뜨거운 동풍도 예비하셨다(4:8).

---

58   더글라스 스튜어트, 『호세아-요나』, 829-830.

창조주로서 요나를 구원하실 때는 '야웨'(1:17) 혹은 '야웨 하나님'(4:6)이라는 신명이 사용되었다. 이 두 경우에서 하나님은 요나를 스올에서 구원하시고(2:1), 예언자의 악한 생각(4:6)에서 구원하신다. 반대로, 하나님이 요나의 심판자가 되실 때는 하나님(4:7, 8)이라는 신명이 사용되었다. 따라서 1장 17절에서 마나(מנה)의 주어인 야웨는 물고기를 심판이 아닌 하나님의 은혜의 도구로 예비하셨음을 알 수 있다.[59]

본문이 야웨의 직접적인 개입을 주장하는 것으로 볼 때, 이 물고기에 대해 상식적이고 평범한 것을 기대하기는 무리일 것이다. 고대 세계의 신념에 따르면 거대한 바다 생물은 창조주의 창조 활동 중에 정복당한 혼돈의 세력을 상징했다. 여기서는 늘 그렇듯, 야웨가 바다의 피조물을 완벽하게 통제하는 것으로 그려진다. 이 생물은 단순히 야웨의 명령대로 할 뿐이다.[60]

요나서가 기술하고 있는 온 세상의 하나님은 '임명하다', '공급하다'라는 뜻의 동사 마나(מנה)에서도 드러난다. 하나님은 큰 물고기(1:17), 넝쿨(4:6), 벌레(4:7), 후덥지근한 동풍(4:8)을 통해 이스라엘의 하나님이시며, 니느웨의 하나님이시며, 전 피조물들의 하나님이심을 보이신다.[61]

59　Sasson, *Jonah*, 147-8.
60　존 월튼, 빅터 매튜스, 마크 샤발라스, 『IVP 성경 배경 주석』, 1129.
61　트렘퍼 롱맨, 레이몬드 딜라드, 『최신 구약 개론(제2판)』, 599.

요약하자면, 요나서는 우주의 지배와 자연의 힘에 대한 신적 통제와 같은 지혜의 모티프를 사용하여, 섭리에 대한 보편주의적 관점을 형성한다. 그렇다고 요나서 자체를 지혜의 작품으로 간주해야 한다는 것은 아니다. 앞서 살펴본 것처럼, 요나서 저자는 지혜에서 영감을 받은 창조관과 모든 인간을 공정한 방식으로 통제하시는 배려와 자비로우신 하나님에 대한 관점을 채택한다.

요나서에서 기도는 회개, 확신, 신뢰의 감정을 불러일으키는 중요한 역할을 한다. 시편이 하나님과 인간이 소통하는 최고의 표현, 즉 요나서 자체에서 비종교적이고 보편적인 것으로 간주하는 예배의 표현인 기도를 반영한다는 점에서, 이러한 개념적 유사성은 결코 우연이 아니다(1:14-16; 3:8 참조).

4. 니느웨 사람들의 보편주의적 신앙

요나서 3장에 기술된 니느웨 사람들의 회개는 첫째 날에 터져 나왔다. 둘째 날의 공식적인 접견이 이루어지기도 전이었다. 왕은 대중적인 정서에 편승해 회개를 공식화했는데, 아마 둘째 날이나 셋째 날에 공식적인 선언을 발표했을 것이다(7-9절).

백성 전체, 심지어 동물까지도 금식하면서 굵은 베(자기 부인의 표시로 입는 거친 섬유)를 입도록 요청하는 이와 비슷한 선언이, 고대 앗수

르제국의 자료에 기록으로 남아 있다.[62]

요나가 다른 나라 사람이라거나, 다른 신을 섬기는 외부인이라는 점은 문제가 되지 않았을 것이다. 고대 세계의 다신교적 신앙은 수백 가지 신을 허용했으며, 그들 중 누구라도 자신의 삶에 좋든 나쁘든 영향을 줄 수 있는 능력이 있으면 되었다. 종종 외국으로 파견되는 사절단에는 예언자들이 포함되기도 했는데, 그것은 교섭과 관련하여 주요 신들의 승낙 혹은 반대 의사를 표시하기 위해서였다.

니느웨 사람들의 역술이 요나의 메시지를 뒷받침했다면, 그것을 속임수나 반역으로 의심할 이유가 없었을 것이다. 그가 이방 사람이라는 사실은 오히려 그의 메시지가 진실하다는 증거가 되었을 것이다.

신이 명령한 일이 아니라면, 왜 이방인이 이 먼 곳까지 찾아왔겠는가?

요나가 그들에게 종교를 바꾸라고 요구하지도, 그들의 국가 신을 폐위시키려 하지도 않았다는 점을 기억할 필요가 있다.[63]

하나님은 인간들이 어떤 호칭으로 하나님을 부르는 지에 대한 관심보다는, 인간들이 하나님을 부르는 이유와 타당성에 관심이 있으시다. 신을 부르는 행위 자체가 가벼운 것이 아닌데, 누가 보더라도 합당한 이유에서 신을 불러야, 그들의 요구가 비로소 자격을 갖춘다.

---

62 J. A. 모티어, G. J. 웬함, D.A 카슨, RT 프랜스,『IVP 성경 주석』, 김재영, 황영철 옮김. (서울: IVP, 2006), 1126.
63 존 월튼, 빅터 매튜스, 마크 샤발라스,『IVP 성경 배경 주석』, 1131.

물론, 요구의 수용성은 신의 권한이다.

니느웨 사람들의 반응(3:5-10)은 전형적이면서 이상하기도 했다. 이상하다는 것은, 앗수르와 바벨론의 관행상 종교적 응답으로 금식을 했다는 증거가 거의 없다는 점에서 그렇다. 왕이 '참회하는 죄인에 걸맞게' 굵은 베를 입었던 예는 있다(에살핫돈, 아슈르바니팔). 신의 노여움을 달래기 위한 수단으로 보통은 특정한 제의(희생 제의, 제주 등)를 집행하거나 신의 행위로부터 보호하기 위한 주문을 이용했을 것이다.

그러므로 니느웨 사람들이 신의 분노에 대응하기 위해 이스라엘 사람들의 방식을 시도했으리라는 점은 그럴듯하다. 전형적인 것은, 그들이 분노한 신을 달래려고 노력했다는 점이다. 그들은 무엇이 야웨를 노하게 했는지는 알지 못했으나, 이스라엘의 종교에 대한 조사를 통해 이스라엘의 하나님이 정의에 관심이 많으며, 불의에 대한 참회로 금식을 하고, 보통은 장례 때 착용하는 굵은 베를 걸친다는 것을 알아냈을 것이다.

그들이 행한 의식(굵은 베옷과 금식)과 윤리적 개심은 그들이 요나를 진지하게 받아들였다는 것을 보여 주지만, 그것이 곧 개종했다는 증거는 아니다. 앗수르의 다신론에는 유일신 신앙이나 언약 혹은 율법이라는 개념이 없었을 것이다. 이런 사고 체계에서 알려진 유일한 개종이란, 만신전의 신들을 대체해 놓는 것이었다.

니느웨 사람들은 그들의 우상을 버리지도 않았으며, 그들의 신들 대신 이스라엘의 야웨를 택하려는 경향도 보여 주지 않았다. 어떤 한 신의 능력을 인정한다는 것이 곧 그 신을 자신의 유일한 신으로 받아들인다는 의미는 아니었다.[64]

니느웨 사람들은 자신들의 삶에 유익한 일이라면, 비록 다른 민족의 문화나 종교와 상관된 신들을 얼마든지 수용하는 태도로 살았다. 물론, 무조건적으로 수용하지는 않았을 것이다. 자신들이 섬길 만한 신으로 자격 여부를 판단했을 것이고, 타당하다면 얼마든지 자신들의 신으로 섬겼다. 가장 평범하고 보편적인 사고가 오히려 진실에 더 가까울 것이다.

니느웨의 사람들을 통해 알 수 있는 것은 하나님은 인간에게 항상 절대적 믿음과 행동을 요구하지 않으신다는 것이다. 이유는 인간이 완전치 못한 존재이기 때문이다. 그렇기에 거듭되는 실수를 통해 후회와 반성, 돌이킴의 연속으로 성장할 때 그것만으로 만족하신다. 앗수르도 이스라엘도 모두 그 범주 안에 속해 있다. 오히려 반성의 모습과는 거리가 먼 요나의 모습이 인상적이다.

이 단락 전체는 이방인들을 고려하여 야웨라는 신명(神名)을 피하고 있다. 저자는 구약에 나오는 하나님의 백성만이 특별히 이 이름을 사용할 수 있다고 생각한 것이다.

---

[64] 존 월튼, 빅터 매튜스, 마크 샤발라스, 『IVP 성경 배경 주석』, 신재구 외 5인 옮김 (서울: IVP, 2001), 1131.

따라서 화자가 이러한 역사와 더불어 특별히 표현하고자 하는 바와 또 이와 날카롭게 대립하는 다음의 내용이 더욱 두드러진다. 즉, 어느 민족이라도(그 패덕으로 소문이 자자한 니느웨까지도[참조. 나훔 3:1 이하]) 영원히 하나님께 귀를 기울이지 않거나 그에게로 돌아오지 못할 정도로 나쁘지는 않다는 것이다.

그리고 하나님의 은혜와 자비는 무한하여, 이스라엘 백성에게만 국한된 것이 아니라 사람들이 언제라도 솔직하게 후회하고 참회하면서 그것을 갈망할 때는 언제나 나타난다. 그러나 유대교의 분리주의적 자부심은 이러한 인식을 거부한다. 예언자 요나 역시 편협한 유대인의 태도를 보이나, 사건이 그의 바람이나 기대와는 반대로 진행되었다는 사실이 이후, 다음 장에서 드러난다.[65]

야웨가 이스라엘 위에 주권적이었던 것과 같이, 앗수르 사람들과 다른 고대 근동 사람들에게는 '신들'이 독립적으로 주권적인 것으로 여겨졌다. 어떤 신도 타의에 의해 행동하도록 만들어질 수는 없었다. 신들은 그들 자신의 주권적인 의지에 따라 반응했기 때문이다.

요나가 의지해서 전한 '신'은 혼합주의적인 니느웨 사람들에 의해 그들의 만신전에 있는 수십 개의 신 중에서 어떤 신으로 인식되었을 수도 있다. 다른 대안적 견해로는 요나가 단순하게 '하나님'을 언급했을 수 있으므로, 니느웨 사람들에게는 구체화되지 않은 신으로 남겨졌을 수도 있다.

---

65   A. 바이저, K. 엘리거 『소예언서』, 53.

조서를 묘사하고 있는 히브리어에 '그 신'이라는 뜻의 하엘로힘
(הָאֱלֹהִים)이 쓰이고 있는 이유로서 더욱 그럴듯한 것은 야웨가 그에게
주신 경고를 요나가 그대로 전했다는 사실이다(3:4).

사십 일이 지나면 니느웨가 무너지리라 (욘 3:4).

따라서 어떤 신인지 분명하게 언급하지 않는다. 그렇다면 니느웨
사람들은 그들의 신 중의 하나가 그 성읍에 재난을 가져옴으로써, 그
들이 당하는 최근의 곤경들을 만드는 계획을 세운 것으로 생각했을
것이다.[66]

5. 창조주 하나님의 선하신 본성

요나서는 야웨 자신에게서 나오는 설명, 즉 요나의 (그리고 청중들의)
좁은 배타주의에 대한 분명하고 설득력 있는 주장으로 끝을 맺는다.
야웨는 아끼는 것(חוס/후쓰)에 초점을 맞춘다.

요나는 기뻐하고, 성을 내며, 실망하고, 좌절한다. 그리고 그 박넝
쿨과 관련해 그가 경험했을 수 있는 다른 모든 감정들 또한 모두 '아
끼는 것'과 관련된 국면들이었다.

---

[66] 더글라스 스튜어트, 『호세아-요나』, 861-862.

마찬가지로 야웨가 니느웨를 향해 느끼실 수 있었던 다양한 '감정들' 역시 야웨 자신이 그것을 아끼셨다는 진술로 요약될 수 있다.

달리 말해, 요나가 한 식물을 위해 행할 권리를 가졌다고 주장한 것을 야웨는 단지 니느웨를 위해 행하고 계셨다.

1) 동물을 아끼시는 하나님

요나서에는 '짐승'(בהמה/베헤마)과 큰 물고기라는 간략하지만, 하나님의 우주적 통치라는 개념을 구체화하는 데 도움이 되는 두 가지 모티브가 등장한다. 문제는 누가 짐승을 다스리는가 하는 것이다. 창세기 1장 26-28절에 이미 표현되어 있듯, 인간은 동물을 어느 정도 통제할 수 있지만, 사실 그 힘은 매우 제한적이다.

하나님이 회오리바람을 통해 욥에게 말씀하실 때(38:39-41:26), 야생 동물들이 인간 사회에서 벗어나, 자유롭게 서식지를 선택하고 각자의 동물 체계와 행동 특성에 따라 살아갈 수 있다고 말씀하신다. 그러나 이러한 자유는 하나님의 창조 설계 때문에 제한되는데, 동물은 인간의 먹이가 되어야 하고 또 인간에게 동물 세계를 다스릴 권한이 부여되었기 때문이다.

시편 8편 7-8절에는 인간의 권위에 종속된 다섯 종류의 동물이 나열되어 있다.

곧 모든 소와 양과 들짐승이며 공중의 새와 바다의 물고기와 바닷길에 다니는 것이니이다(시 8:7-8).

그러나 중요한 것은 동물의 왕국에 대한 인간의 통제는 하늘과 땅의 통치자이신 야웨를 찬양하는 틀 안에 포함되어 있다는 것이다.[67]

요나 3장 7절은 시편 8편 8-9절에 나오는 다섯 가지 동물 범주 중 세 가지인 짐승(בהמה/베헤마), 소(בקר/바카르), 양(צאן/촌)을 언급한다. 시편 8편은 양(צאן/촌), 소(אלף/엘레프), 그리고 야생 동물(בהמות שדי/바하모트 사데)의 순서로 되어 있어, 요나서의 순서와 바뀐 것을 알 수 있다.

요나서의 화자는 회개와 용서에 대한 열망의 표현으로 굵은 베옷을 입고 음식과 음료를 삼가라는 왕의 칙령에 인간, 동물, 가축, 양 떼를 기이하게 병치한다. 그렇게 함으로써 화자는 동물들을 창조 세계에 대한 신적 통제의 영역 내에서 능동적으로 활동하는 생물들이 되게 한다(참조 4:11).

인간이나 짐승이나 하나님으로부터 영양을 공급받는 사람들은 또한, 하나님이 그들을 멸망에서 구해 주실 것이라는 희망으로 음식을 삼가라는 왕의 법령에 종속된다.

---

[67] Forti, "Of Ships and Seas," 370.

> 왕과 그의 대신들이 조서를 내려 니느웨에 선포하여 이르되 사람이나 짐승이나 소 떼나 양 떼나 아무것도 입에 대지 말지니 곧 먹지도 말 것이요 물도 마시지 말 것이며(욘 3:7).

인간과 짐승이 모두 하나님의 구원 혜택을 받는다는 개념은 시편 36편에도 표현돼 있다.

> 주의 심판은 큰 바다와 같으니이다. 야웨여 주는 사람과 짐승을 구하여 주시나이다(시 36:6).[68]

그러므로 창조 세계에 대한 하나님의 섭리와 모든 피조물의 보호자이자 생명과 공의를 분배하시는 하나님에 관한 생각은, 찬양 시편이나 요나서에나 차이가 없음을 알 수 있다.

요나서의 마지막 부분에서 동물들을 언급하는 것은 종종 주석가들을 당황스럽게 하고 잘못 해석하게 했다. 이 부분은 익살스러운 뜻밖의 전개를 나타내는 것으로 생각되었다. 특히, 요나서에 일반적으로 나오는 동물의 삶에 관한 내용뿐만 아니라(물고기와 벌레) 베옷을 입은 동물들에 관한 내용(3:8)은 어느 정도 익살스러운 것으로 생각되었기 때문이다.

---

68 Forti, "Of Ships and Seas," 371.

그러나 다른 한편으로, 구약에서 동물들, 특히 가축들이 중요하게 여겨지는 것과 같이 여기서도 동물들은 인간과 같은 지위를 가진 것으로 선언된다. 비록 사람들은 동물을 하찮게 여기지만, 하나님은 소중히 여기신다. 하나님은 동물에 관한 관심을 표명하심으로써 인간계뿐만 아니라 동물계에도 큰 관심을 두고 계심을 보여 준다. 하나님은 사람이건 동물이건 니느웨에 속한 모든 것을 구할 모든 권한을 가지고 계시며, 그 권한을 행사하신다.

요나가 중시하지 않았던 동물들은 요나가 그렇게나 집착했던 박넝쿨보다 더 가치 있을 수 있다.

만약 요나의 생각에, 그 가련하고 무고한 박넝쿨의 죽음이 불합리한 것이라고 한다면, 어떻게 요나는 단지 그 주인이 앗수르 사람들이라는 단순한 이유로 셀 수 없이 많은 가축의 죽음을 즐길 수 있단 말인가?

물론, 동물들은 사실상 무죄하며 또한, 지적인 힘이 없기 때문에 그 동물들이 언급되고 있을 가능성이 있다. 이를 통해 요나와 청중들은, 동물들과 마찬가지로 니느웨 사람들도 무고하고 어리석다는 사실을 이해할 수도 있었을 것이다.

그러나 동물을 언급하는 더욱 그럴듯한 이유는, 동물들은 야웨의 주장이 기반하고 있는, 가치 있는 범위의 수치에서 중간을 차지하고 있기 때문이다. 니느웨의 백성은 엄청난 가치를 가진다. 그들은 인간들이다(אדם/아담). 그리고 그들은 그 당시, 가장 중요한 성읍의 백성이다.

다음으로, 동물들은 그 가치가 조금 덜하기는 하지만, 여전히 어떤 나라 혹은 성읍의 경제에 있어서 중요하다. 고대 세계에서는 노예들과 같이 가축을 소유하고 있는 것은 개인의 가치의 척도가 되었다 (창 12:16; 32:5; 욥 1:3; 42:12).

다른 한편으로, 박넝쿨은 가장 가치가 덜하다. 동물들과 비교했을 때, 하나의 작은 식물은 어떤 이유에서라도 큰 중요성이 없었을 것이다. 더욱이 많은 사람과 비교했을 때, 한 식물은 사실 중요한 것이 되지도 못한다. 요나는 하루 동안 생명을 지속했던 식물의 가치를 위해 격렬하게 주장하는 것이다(9b절). 하지만, 요나는 그 모든 백성과 가축들을 가진 니느웨의 가치를 대항해서 설득력 있는 좋은 주장을 할 수 없었다.[69]

2) 니느웨 백성을 아끼시는 하나님

동사 '후쓰'(חוס)는 '염려하다'와 '관심을 가지다' 둘 다를 의미할 수 있으며, 능동적인 관심을 보이는 것, 심지어는 사무엘상 24장 11절과 에스겔 24장 14절에 있는 대로 '용서하다(아끼다)'라는 의미를 나타낼 수도 있다. 따라서 야웨는 이 어휘들을 통해, 니느웨를 염려하는 마음을 가질 권리뿐만 아니라, 니느웨의 유익을 위해 간섭하는 자신의 권리를 거의 확실하게 선포하신 것이다.

69　더글라스 스튜어트, 『호세아-요나』, 884-885.

하나님의 말씀은 박넝쿨의 가치와 니느웨의 가치를 비교한다. 박넝쿨은 단지 하나의 식물에 불과하다. 요나는 그것에 대해 전혀 수고하지 않았고, 그 식물은 단지 하루만 살았다. 그러나 니느웨는 그 당시, 중요한 성읍이었고(העיר הגדולה/하이르 하게돌라) 많은 인구가 살았던 성읍이었다.[70]

하나님께서 요나에게 하신 "너의 성냄이 어찌 합당하냐"(4절, 9절)라는 질문은, 요나서의 청중들에 대한 하나님의 도전이다. 비록 그 질문에 대한 대답은, 자신들의 경쟁자들과 전쟁들 속에 있는 세상의 나라들 가운데서 하나님이 편을 들어주실 것을 항상 기대하는 사람들에게는 매우 불편할지라도, 그 질문에 대한 대답은 복잡하지 않다.

요나가 받아들이고 수긍한 것처럼, 하나님은 그렇게 하는 것이 자신의 본성이라는 사실에 토대를 둔 옳은 것을 행하신다(2절). 그러므로 어느 누구도 하나님이 그 자신의 본성에 따라 행하시는 것에 대해 정당하게 성낼 수가 없다.[71]

니느웨는 과거와 미래의 그 많은 죄에도 불구하고 구원받아야만 했다. 니느웨 백성은 말씀으로 그리고 권능의 행함으로 이루어진 계시의 이스라엘 역사가 없었기에 영적으로, 무능했을 수 있다(욘 4:11).

인간적인 견지에서 보면, 그들은 그들이 겪어 온 모든 비참함과 그 외의 전적인 파멸을 받아 마땅하다. 우상 숭배는 명백히 어리석은 것

---

70 더글라스 스튜어트, 『호세아-요나』, 882-883.
71 더글라스 스튜어트, 『호세아-요나』, 885-886.

이다(참조. 사 44:9-20; 호 13:2). 니느웨의 우상 숭배자들은 하나님과 완전히 반대되는 신학과 혐오스러운 행위의 기록을 가지고 있을 수도 있다. 그러나 그들은 하나님의 말씀이 전해졌을 때, 그 말씀을 믿었고(3:5), 비록 그 결과가 일시적이기는 했지만, 하나님은 그들의 진지한 회개를 받아들이셨다.

하나님이 행하신 것은 옳았다. 니느웨는 그 많은 반대할 만한 특성들이 있음에도 불구하고, 커다란 본질적 가치를 가지고 있었다. 니느웨는 그 당시 중요한 성읍이었고, 많은 인구를 가지고 있었으며, 심지어는 그 많은 가축으로 인해 중요한 가치가 있었다.

단 하나의 식물이 커다란 가치를 가졌다고 격정적으로 주장한 요나는, 그럴 권리가 분명히 없을 뿐만 아니라, 어느 누구도 하나님이 니느웨에서 발견하신 가치의 타당성에 대해 의구심을 가질 권리가 없다.

그런데도 요나는 그 모든 일을 죽을 정도로 싫어했다. 요나는 이미 죽음에 이를 정도로 한 번 하나님의 뜻을 거절했다(1:12). 스스로 자신에게 끝까지 완고하고 회개하지 않았기 때문에, 요나는 하나님이 자신의 백성인 이스라엘의 대적에게 긍휼과 은총을 베푸시는 것을 볼 수가 없었다.

요나는 신실했고, 헌신적이었으며, 정직했고, 심지어 용감하기도 했다. 구약의 전통신학적 관점(예를 들면, 신명기의 신학)에서 보면, 요나가 가지고 있는 원칙들은 올바를 수 있어도, 그는 너무나 교조적이었다. 4장에서는 요나의 입장이 좁고 궁극적으로 일관성이 부족하다는 것이 적나라하게 드러난다.

요나는 자신을 위한 하나님의 자비로운 구원을 받아들이며, 찬양하기까지 했다(2:3-10). 그리고 요나는 그 자체로 실제로 그런 아끼는 배려를 얻을 수 없는, 어떤 것에 대해 깊이 아끼는 느낌이 무엇인지 알고 있음을 보여 준다(4:10). 그러나 요나는 야웨께서도 마찬가지로 행하시는 것을 보기보다는 차라리 죽는 것을 원했다(4:3).[72]

율법의 '더 중한 바'는 자비를 포함한다(마 23:23). 모든 사람 가운데 우리에게 주어진 자비의 은혜를 입은 우리는 기꺼이 그 자비를 다시 보여 주어야만 한다(마 18:33).

요나는 하나님이 은혜로우시며, 긍휼하시고, 믿을 만하시며, 신실하시다는 것을 줄곧 알고 있었다. 또한, 요나는 하나님께서 죽음으로부터 측은히 여길 만한 원인을 발견하실 때마다, 죽음을 가져오지 않게 결정하신다는 사실을 알고 있었다(참조. 창 18:21-23; 출 32:11-14).

그 어떤 기독교인이라도, 적어도 은밀하게는 요나의 상황에 처해 있을 수 있다. 많은 기독교인은 다음과 같은 것들을 공개적으로 받아들이고 있다.

---

[72] 더글라스 스튜어트, 『호세아-요나』, 886.

· 대적을 위해 기도하기보다는, 그들을 치는 기도를 하는 것.
· 개인이든 집단이든, 나라든, 경건치 못한 자들의 불행들을 보며 기뻐하는 것.

그러나 그 어떤 기독교인도 요나의 입장을 받아들여서는 안 된다. 요나는 "나는 옳다"라고 말했다. 그러나 그는 옳지 않았다.[73]

니느웨 사람들은 그들이 잘못한 것을 회개함으로써 인정하고 있다(3:5). 그리고 왕실 조서도 명백하게 그렇게 말한다(3:8). 이 앗수르 사람들은 다른 의미에서, '무죄하고' 분별력이 없었다. 그들은 벗어날 방법을 모르는 그들의 곤경 속에 덫에 걸려 있으며, 그 곤경들은 그들이 지은 어떤 특별한 죄, 특히 그들이 번성했던 동일하게 악한 다른 시대 이후로 지은 죄의 결과일 필요는 없을 것이다.

달리 말하면, 이스라엘의 부침(浮沈)이 하나님의 율법에 신실한 것과 관련되어 있지 않았던 것처럼, 대부분의 앗수르 역사 동안 이루어진 앗수르의 부침들도 하나님의 율법에 신실한 것과 관련된 것은 아니었다. 긴 안목으로 보면, 하나님에 대한 죄는 이스라엘의 파멸 원인이 되었던 것처럼(왕하 17장), 앗수르의 파멸의 원인이었다(습 2:15). 그러나 짧은 안목으로 보면, 그들이 지은 죄의 강도와 직접적으로 관련된 징벌의 대상들은 아니었다(참조. 왕하 17:14).

---

73 더글라스 스튜어트, 『호세아-요나』, 887.

니느웨는 요나의 방문 이전에도 커다란 악에 대해 벌을 받지 않고 지날 수 있었다. 그리고 그런 상황은 또다시 주전 612년 니느웨가 멸망하기까지, 또 다른 한 세기 반의 시간을 그렇게 지날 수 있었다. 그 죄악에도 불구하고 그 성읍이 감내해 오고 있었던 이러한 비참한 상황들은 야웨를 움직여 탈출의 수단을 제공하도록 했다.[74]

하나님이 행하신 것은 마음을 바꾸신 것이었다. 하나님의 '돌이킴'의 가능성에 대해 요엘 선지자가 언급한 바 있다(2:12-14). 예레미야 선지자는 예언적 경고가 뜻하지 않게 달리 이루어질 수 있음을 말하고 있다. 예레미야 18장 7-10절은 이에 대한 가장 표준이 되는 고전적인 구절(*locus classicus*)이다. 예레미야 18장 8절은 다음과 같이 말한다.

> 만일 나의 말한 그 민족이 그 악(רעה/라아)에서 돌이키면 내가 그에게 내리기로 생각하였던 재앙에 대하여 뜻을 돌이키겠고(נחם/나함)(렘 18:8).

니느웨에 대한 경고에 사용된 요나의 어휘들은 재앙 선포를 하는 예언들에 등장하지 않는다. 그 어휘들은 예레미야 18장 8절에 묘사된 진술 규칙에 들어 있는, 뜻하지 않게 달리 이루어질 수 있는 암시적인 우연성을 포함한다. 니느웨가 회개했을 때, 하나님은 돌이키셨다. 결국, 그 성읍에는 그 어떤 재앙도 발생하지 않았다.

---

[74] 더글라스 스튜어트, 『호세아-요나』, 884.

그러나 회개는 널리 번져 나갔고, 그 회개가 얼마나 길게 지속되었는지는 알 수 없지만, 충분한 회개였다. 요나의 사명은 놀라운 결과를 거두었다. 다만, 요나는 그렇게 생각하지 않았을 것이라는 사실이 안타깝다.[75]

물고기는 하나님이 요나에게 주신 선물이었다. 물고기는 그를 죽음에서 구해 주었다. 요나는 그런 구원을 받을 자격이 없는 자였다. 마찬가지로, 박넝쿨은 요나에게 주신 선물이었다. 요나는 그것을 얻기 위해 아무것도 한 것이 없었다(4:10).

그렇다면, 왜 하나님은 동일한 방법으로 니느웨가 받을 자격이 없는 그 어떤 것을 니느웨에 주실 수 없다는 것인가?

요나는 성을 내야만 하는 어떤 권리가 있는 것인가?

우리는 그런 축복을 받을 만한 어느 것도 하지 않은 사람들, 조직들, 나라들을 하나님이 축복하시는 것에 대해 성낼 그 어떤 권리가 있는 것인가?

우리는 세상 나라들, 혹은 그 안의 어떤 개인에게, 혹은 압박받는 사람들, 압제자들에게, 혹은 평화를 사랑하는 자들에게, 혹은 전쟁을 일으키는 자들에게 보이신 하나님의 은총에 대해 정당하게 분개할 수 있고 비난할 수 있는가?

---

[75] 더글라스 스튜어트, 『호세아-요나』, 863.

"오로지 우리나라만이 오로지 하나님의 나라다"라는 일반적이고 암묵적인 가정에는 어떤 의미가 있는 것인가?[76]

요나서의 메시지는 하나님께서 자신의 권능을 인위적으로나 차별적으로 행사하지 않으신다는 사실을 말해 준다. 국수주의자인 요나는, 하나님이 이스라엘을 축복하고 그 모든 대적을 벌하시기를 원했다. 1장에서 사공들을 위해 그리고 4장에서 식물을 위해 보여 주는 요나의 존중과 염려의 행위들이 그 자신의 견해가 일관되지 않음을 드러내는 증거가 된다. 그러나 하나님은 오래 참으신다.

아무도 멸망치 않고 다 회개하기에 이르기를 원하시느니라(고후 3:9).

모든 사람이 구원을 받으며 진리를 아는 데 이르기를 원하시느니라(딤전 2:4).

하나님은 자신의 주권을 완고함 속에서가 아니라 은총 속에서, 그리고 좁은 배타주의에서가 아니라 기꺼이 어떤 민족도 용서하는 긍휼 속에서 나타내신다. 그러나 때로는 뜻하지 않게 돌이키는 우연성이 있다. 요나서는 낡고, 가장 낮은 공통분모적인 보편주의를 가르치는 것이 아니다. 오직 참된 회개만이 용서를 가져올 수 있다.

---

76 더글라스 스튜어트, 『호세아-요나』, 886-887.

4장에는 암시적이긴 하나 무시할 수 없는 비교, 즉 이스라엘과 니느웨 사이의 비교가 전체적으로 널리 퍼져 있다. 야웨께서 자신의 백성인 이스라엘에게 베푸신 자비가 잘 알려져 있다. 요나, 화자, 청자 혹은 독자 그 누구도 이스라엘에게 보이신 하나님의 자비 이야기들에 대한 기억을 지울 수는 없을 것이다. 그 자비는 이스라엘이 받을 자격이 없을 때, 그 호소함으로 인해 주어진 용서였다(예를 들어, 출 32:7-14, 14는 욘 3:10에서 발견되는 것과 동일한 어법을 포함하고 있다).

그러나 여기서, 니느웨의 이방 앗수르 사람들은 그 어떤 이스라엘 사람들이 했던 것만큼이나 온전하게 마음을 다해 회개했다. 선택받은 백성은 아직 그들의 역사(즉, 주전 8세기 중엽에 이르기까지)에서 그렇게 진지하게 회개를 한 적이 없다. 후대에, 즉 에스라(스 10:1-17)와 느헤미야(느 9:1-3) 시대에 우리는 그렇게 자아를 버리고 자비를 호소하는 것을 읽게 된다.[77]

회개와 믿음은 동일한 전환일 필요는 없다. 요나가 전했던 니느웨 사람들은, 유일신적 야웨주의자가 되지는 않았다. 어느 면에서 보더라도, 그들은 자신들이 지금까지 그랬듯, 동일한 다신론적, 혼합주의적 범신론자들로 남아 있었다. 그들은 요나를 그들 자신의 신 중의 하나인 어떤 신의 대표자로 생각했던 것이 확실하다.

혼합주의자였던 그들은 어떤 이방신을 그들 자신의 신 중의 하나와 실제로 동일시했을 것이다. 그들의 신학은 매우 변변치 못했을 테

77　더글라스 스튜어트, 『호세아-요나』, 864-865.

지만, 그들의 행위와 믿음은 회개에 대한 참된 증거였다. 하나님이 행하신 것은, 바로 그런 증거에 따른 것이었다.

앗수르단 3세와 같이 지쳐 있고 괴롭힘을 받아 온 왕은, 자신이 직면하고 있던 수많은 비극과 비참함에 대해 경고의 말씀을 전하려고 먼 곳에서 온 선지자의 말씀이 주는, 잠재적으로 희망적인 말씀에 귀를 기울이면서 하나님의 도움을 찾았을 수 있다.

요나의 마지못해 수행한 사명은 그 자신의 모든 기대와는 반대로 성공이었다. 하나님은 정말로 이스라엘보다 더욱더 사랑하셨다. 요나가 두려워할 정도로, 하나님은 앗수르 사람들을 사랑하셨다.[78]

---

[78] 더글라스 스튜어트, 『호세아-요나』, 866-867.

제4장

요나서에 나타난 종교와 문화의 보편성

요나서는 유대 문학이지만, 그 안에 담긴 종교와 문화와 사상은 당시의 상황을 반영한 경우가 많다. 따라서 요나의 종교와 요나서에 반영된 종교를 구분해서 생각해 볼 필요가 있다.

무엇보다 이웃 나라 민족에 대한 시각에 차이가 있다. 요나는 배타주의자이다. 배타주의는 하나님이 오직 이스라엘의 하나님이며, 구원은 오직 선택된 이스라엘 민족만 가능하다고 본다. 그래서 이방인들은 유월절을 지킬 수 없으며(출 12:43-50), 암몬과 모압의 후손은 여호와의 성회에 들어올 수 없다(민 23:2-9).

에스라, 느헤미야는 포로 후기의 배타주의 신학을 대표한다. 바벨론에서 귀환한 사람들만이 제의 개혁에 참여할 수 있고 그들만이 참된 이스라엘로 인정되었다. 이방 여인과 혼인한 자들은 성회에서 배제되었으며, 이방의 아내와 그의 자녀들은 공동체에서 축출되었다.

하지만, 요나서는 이러한 배타주의와 다른 관점을 보여 주고 있다. 요나서는 보편주의적 신학을 펼친다. 보편주의는 특정한 집단이나 국가에 속한 종교와 문화만을 지지하지 않는다. 보편주의는 시간과 장소를 초월해 모든 사람에게 적용되는 원리나 가치를 지지하며, 여기에는 종교적, 문화적 가치도 포함된다.

요나서는 이러한 하나님의 보편주의적 측면을 강조한다. 하나님은 자연을 주관하시며, 모든 민족과 나라들의 삶에 관여하신다. 하나님의 보편주의적 특성은 일반적 신명인 엘과 엘로힘이 이스라엘의 하나님을 지칭하는 야웨로 사용되는 데서 알 수 있다. 요나서에 기술된 하나님은 창조주 하나님이자 우주적 하나님이다. 그분은 모든 나라와 민족의 운명에 관여하신다.

때문에 하나님의 구원은 이스라엘에만 속한 것이 아니라 모든 나라에 해당한다. 이러한 신학적 원리는 요나서에 기술된 다른 민족의 종교 행위와 문화에도 분명하게 드러나 있다.

1. 항해 이야기에 나타난 종교와 문화

요나는 하나님으로부터 니느웨에 가서 하나님의 말씀을 선포하라는 명령을 받는다(1:2). 하지만, 그는 하나님의 명령에 불순종하여, 욥바에서 다시스로 향하는 배에 오른다.

욥바는 주전 20세기부터 로마 시대에 이르기까지, 가나안 지역의 주요 항구 도시였다. 오늘날에는 텔아비브(Tel Aviv)의 남쪽 가장자리에 있다.[1] 솔로몬의 성전이나 제2 성전 건축 시, 욥바항을 통하여 레바논의 백향목이 유입되었다(대하 2:16; 스 3:7).

한편, 다시스는 페니키아인들이 스페인 동해안에 건설한 타르테소스(Tartessos)로 추측된다.[2] 에스겔 27장 12절에 따르면, 다시스는 은, 철, 주석, 납 등이 출토되는 지역이며, 이사야 66장 19절에 따르면, 다시스는 하나님에 관한 소식을 한 번도 들어 본 적이 없는 아주 먼 곳이다. 페니키아 상선들은 욥바항을 출발하여 다시스로 향했기 때문에, 목적지 항구의 이름을 따서 자신들의 배를 '다시스 배들'이라 명명하기도 했다(참고. 시 48:7; 사 23:1).[3]

---

[1] 욥바는 이스라엘이 관할하는 항구가 아니었다. 블레셋의 도시국가인 아스갤론의 관할 구역이였으며, 블레셋이 가나안 땅에 들어오기 전에는 애굽이 장악하였다. 페르시아 시대에는 시돈이 관할하였다. Jacob Kaplan and Haya Ritter Kaplan, "Joppa," *ABD* 3, 946-49.

[2] A. 바이저, K. 엘리거, 『소예언서』, 44.

[3] H. W. Wolff, *Jonah the Messenger*, 『宣敎者 요나: 요나서 연구』, 문희석 편역 (서울: 대한기독교출판사, 1978), 20; H. W. Wolff, *Obadiah and Jonah* (Minneapolis: MN: Augsburg Publishing House, 1986), 99-102; Eva Strömberg-Krantz, *Des*

다시스로 향하는 배가 욥바를 떠나 바다 한가운데에 이르렀을 때, 큰 바람이 불고 폭풍이 일어났다(4절). 이 폭풍의 배후에는 하나님이 계셨다. 그러나 선원들은 그 원인이 정확히 무엇인지 몰랐다.

하지만, 그들도 자신에게 닥친 폭풍이 단순한 자연재해라고 생각하지 않았다. 그들은 신들이 폭풍을 일으켰다고 믿었다. 고대 근동에서 자연재해는 신들과 관련되어 있었다. 따라서 선원들이 갑작스런 광풍을 징벌이라고 여겼던 것은 당연하다.[4]

선원들은 항해를 시작하기 전, 안전한 항해를 위해 신들에게 제사를 지냈을 것이다. 로마 시대의 선원들은 출항하기 전, 다음과 같은 절차를 따라 준비하였다.

(1) 선적

(2) 일기 확인(날씨가 좋아야 함)

(3) 풍향 확인(여행하기에 적당한 바람이 불어야 함)

(4) 신탁을 통해 길조인지 확인

(5) 선원들이 양호해야 함

(6) 신에게 제사를 지냄(보통 양이나 소)[5]

Shiffes Weg mitten im Meer: Beiträge zur Erforshung der nautischen Terminologie des Alten Testaments (ConBOT; Lund: CWK Gleerup, 1982), 48-51.

4　Elisabeth Achtemeier, *Minor Prophets I* (NIBC; Peaboby, MA: Hendrickson, 2005), 265.

5　Lionel Casson, *Travel in the Ancient World* (London: George Allen & Unwin, 1974), 155.

요나서에 등장하는 선원들도 로마 선원들과 비슷한 절차에 따라 신탁하고 안전한 항해를 위해 신들에게 제사를 지냈을 것이다.[6]

고대 지중해 도시들은 바다를 신으로 숭배하며, 정기적으로 제사를 지냈다. 우가릿의 신화에 따르면, 바다의 주인은 얌으로서 폭풍의 신 바알의 적이었다.

바알 신화에 따르면, 바다는 신들의 의회를 통치할 것을 요구했으며, 이 때문에 폭풍의 신과 바다의 신화는 대결을 벌인다. 바알은 난관을 극복하고 승리하여 궁궐을 건설한다. KTU 1.2 IV 15-18은 바다의 신과 폭풍의 신 간의 싸움을 다음과 같이 기술한다.

    yrtqṣ.ṣmd.bdbʻl.

    km.nšr/[bʼu]ṣbʻth.

    ylm.ktp.zblym.

    bn.ydm.ṭpt/[nh]r.

    ʻz.ym.lymk.

    ltnġṣn[.]pnth.

    lydpl/tmnh

---

[6] 브로디(A. Brody)에 따르면 페니키아 선원들은 항구나 다른 육지의 신들을 섬겼고, 바다에서는 신들의 영이 임재한 배가 그들을 보호한다고 믿었다고 한다. 따라서 배 안에도 신들을 모실 성소가 필요했다. 두로와 시돈의 영역인 페니키아 선원들의 신앙과 제의에 대해서는 Aaron Brody, "Sail, Pray, Steer: Aspects of the Sacred Beliefs and Ritual Practices of Phoenician Seafarers," *AABNER* 1 (2021), 1-30을 보라.

바알의 손에서 무기가 튀어나온다.
사로잡힌 새처럼 그의 손가락으로부터,
그것은 바다 왕자(Prince Sea)의 가슴팍을 쳤다.
재판관 강(Judge River)의 손 사이에서,
바다는 강하고 가라앉지 않는다,
관절이 흔들리지 않고
그의 몸체는 넘어지지 않는다.

   한 행정 문서에 따르면, 바다의 신에게 정기적으로 양을 바치며 제사를 지냈다고 한다.[7] 어부와 상인들은 바다를 주재하는 바다의 신에게 공물을 바쳤다. 악천후를 불러일으키는 폭풍의 신의 적인 바다는 날씨의 신이자 바다의 신 혹은 자연 신으로 간주되었다. 바다를 안전하게 통과하기 위해서는 바다의 신에 의지해야 했다. 그러나 제물을 바다의 신에게 드린 것인지 아니면 폭풍의 신을 달래기 위한 것인지는 확실치 않다.
   선원들은 항해 중 광풍을 만나자, 자신들이 신을 노엽게 했다고 생각했다. 그래서 그들은 자신들이 무엇인가 신들을 노엽게 한 일이 있었는지를 생각해 보았다.

---

7   KTU 1.39, 1.46, 1.48, 1.162, 1.118에 따르면 바다는 희생 예물을 바쳐야 하는 대상이었다.

가장 먼저 생각해 볼 것은 항해 전에 드렸던 제사가 온전했는지 여부였다. 제사가 온전치 못했다면, 그 원인을 찾아 신의 노여움을 해소하려 했을 것이다.

처음에 그들은 각각 자기 신들의 이름을 부르며 도움을 요청했다(5절). 하지만, 그들의 간구는 실패했다. 그래서 배를 가볍게 하려고 짐들을 바다에 버렸다(7절). 그러나 짐을 바다에 버리는 행위는 단순히 배를 가볍게 하기 위한 목적이 아니었다.[8] 짐을 바다에 던진 데는 종교적 동기가 숨겨져 있다.

트리블(P. Trible)은 "가볍게 하려고"로 번역된 히브리어 부정사 '레하켈'(להקל)에 목적어가 사용되고 있지 않음을 주목한다. 대다수 영어 성경은 이 단어 뒤에 '그것'이라는 단어를 삽입하였고, 개역개정은 '배'라는 단어를 삽입하였다. 트리블에 따르면, 가볍게 하려는 대상은 배가 아니라 바다라고 주장한다. 따라서 선원들이 화물을 바다에 던지는 것은 희생제를 바쳐 바다나 바다 신을 달래려는 인상을 준다.

트리블은 이 해석이야말로 바로 앞 절인 "그리고-그들은-부르짖었다, 각-사람이 그의-신(들)에게"와 잘 어울린다고 주장한다.[9]

---

[8] 스위니(M. Sweeney)는 '던지다'를 의미하는 '툴'(*ṭûl*)의 히필형 '헤틸'(*hēṭîl*)은 보통 창이나 물매를 던질 때 사용하는 동사이지만(삼상 18:11; 20:33), 하나님께서 징벌을 내릴 때도 자주 사용하는 동사라고 주장한다. 예를 들면, 하나님께서는 여호야긴을 유배처로 내치셨으며(렘 22:28), 유다를 유배시키시고(렘 16:13), 바로를 땅에 내던지겠다고 말씀하셨다(겔 32:4). Marvin A. Sweeney, *The Twelve Prophets, Volume One* (Berit Olam; Collegeville, MN; The Liturgical Press, 2000), 311.

[9] 필리스 트리블, 『수사비평』, 201-202.

새슨(J. Sasson)도 트리블과 비슷한 주장을 했다. 그는 '던지다'를 뜻하는 동사 '툴'(טול)이 전치자 '엘'(אל)과 함께 사용된 것은, 던지는 방향을 지시하려 한 것이 아니라, 던지는 의도를 나타내기 위해서라고 주장한다. 즉, 선원들은 바다를 진정시키기 위해 자신들의 짐을 바다에 던졌다.[10]

그들은 바다의 신에게 예물을 드림으로써 그의 노여움을 삭이고 폭풍을 잠재우려고 했다. 그러나 예물도 소용이 없었다. 폭풍은 여전했다. 그들에게는 폭풍이 어떤 신의 징벌을 나타내는 것이 분명했다. 배 안에 있는 누군가가 하나님(어떤 신)을 거역하는, 어떤 일을 저지른 것이다. '제비를 뽑는 것'(גורלות/고랄로트)은 그들에게 누가 그 사람인지를 알려 줄 것이다.[11] 그래서 선원들은 제비 신탁을 통해 신의 뜻을 간구하고자 했다(7절).

> 그들이 서로 이르되, 자 우리가 제비(גורל/고랄)를 뽑아 이 재앙이 누구로 말미암아 우리에게 임하였나 알아보자 하고 곧 제비를 뽑으니 제비가 요나에게 뽑힌지라(욘 4:7).

제비를 뜻하는 고랄은 원래 신탁에 사용되는 돌을 의미한다.[12]

---

10 Sasson, *Jonah*, 93.
11 더글라스 스튜어트, 『호세아-요나』, 805-806.
12 Joyce Baldwin, "Jonah", Thomas E. McComiskey (ed.), *The Minor Prophets* (Grand Rapids: Baker Academic, 2009), 559.

따라서 제비를 뽑는다는 말은 신탁을 위해 돌을 던지는 행위를 의미한다.

신의 뜻을 알기 위해 제비를 뽑는 신탁은, 고대 이스라엘이나 고대 근동에서 자주 볼 수 있는 신탁 방식이었다.[13] 예를 들어, 사울을 왕으로 선택할 때도 제비를 뽑았으며(삼상 10:16-26), 여호수아가 이스라엘 지파에 땅을 분배할 때도 제비를 뽑았다(민 26:55).

또한, 제비 신탁은 죄인을 가리는 수단으로도 사용되었다. 여호수아는 제비 신탁을 통해 여리고 침공 시 전리품을 착복한 범인이 아간임을 밝혀냈으며(수 7:18), 사울은 전쟁 중 음식을 금한 명령을 어긴 죄인이 요나단인 것을 제비 신탁으로 알아냈다(삼상 14:42).

요나서에 등장하는 선원들 또한, 제비 신탁으로 신의 노여움을 사 위기를 가져온 범인이 누구인지 밝히려 했다. 제비를 뽑는 제비 신탁이 어떤 방식으로 이루어졌는지는 알 수 없다. 하지만, 우림과 둠밈을 사용한 제사장 신탁처럼 가부를 묻는 양자택일의 방식이었을 것이다. 제사장은 신탁의 도구인 '우림'과 '둠밈'을 사용하여 하나님으로부터 '예' 혹은 '아니오'라는 양자택일의 답변을 얻어 냈다.

아마도 선원들은 서로 다른 색깔의 돌을 제비로 사용하여 어떤 질문에 '예' 혹은 '아니오'의 답을 얻었을 것이다.[14]

---

13 제비 신탁에 대한 보다 자세한 사항은 Johannes Lindblom, "Lot-Casting in the Old Testament", *VT* 12 (1962), 164-78을 참조하라.
14 더글라스 스튜어트, 『호세아-요나』, 806.

무슬림은 이 부분을 각색해 전설로 전승하고 있는데 그 내용은 다음과 같다.

> 그들은 제비를 던졌다. 그리고 요나가 선택되었다. 그러나 그들은 말했다.
> "제비가 잘못 뽑힌 것 같다. 이름들을 바다에 던지기로 하자."
> 그래서 그들은 납으로 된 공에 각기 이름을 쓰고 바다에 던졌다. 요나의 것을 제외한 다른 공들은 가라앉았다. 요나의 이름이 바다 위에 떠올라 보였다.[15]

선원들은 제비 신탁을 통해 위기의 원인이 요나에게 있음을 알게 되었다. 이처럼 대중 앞에서 행해지는 제비 신탁은 신의 뜻이 구현되는 것을 시각적으로 보여 준다. 따라서 일단 제비 신탁 때문에 결정되면, 그 결과를 거부할 수 없다. 신탁의 결과를 거부하는 것은 신의 뜻을 거부하는 것이며 범죄이기 때문이다.

비록 제비 신탁의 결과로 요나가 문제의 원인임이 밝혀졌음에도 선원들은 최대한 그를 살리려 했다. 아마도 제비 신탁 후, 요나에게 민족적 배경을 묻고("네가 어디서 왔으며 네 나라가 어디며 어느 민족에 속하였느냐?", 8절) 어떤 일로 이런 문제를 일으키게 되었는지를 묻는 과

---

15 Sasson, *Jonah*, 111.

정에서 그의 특수한 상황을 이해하게 되었기 때문일 것이다.[16]

또한, 생업이 무엇인에 대한 질문에 "하늘의 하나님 여호와를 경외하는 자"(9절)라는 대답을 듣고, 그가 단순한 여행객이 아닌 '하늘의 하나님'(אלהי השמים/엘로헤 하샤마임)을 모신 종교인임이 밝혀졌기 때문이다.[17]

'경외하다'로 번역된 히브리어 '야레'는 '순종하다' 혹은 '복종하다'라는 뜻(신 5:29; 6:2, 13, 24; 10:12 등)과 '하나님을 두려워하다'(시 33:8; 레 19:14, 32 등), 혹은 '공경하다'(출 1:17; 시 55:19; 66:16 등)라는 뜻을 가진다.[18] 요나는 하나님께 불순종하여 도망치는 중이기 때문에 여기서 '야레'는 순종과 공경보다는, '섬기다', 혹은 '모시다'로 해석해야 할 것이다.

선원들은 요나를, 높으신 하늘의 하나님 여호와를 섬기고 모시는 종교인으로 인식했을 것이다.[19] 그래서 그들은 요나를 살리기 위해,

---

16 선원들이 요나가 어디 출신인지를 묻는 것은 단순히 민족적 배경을 알고자 한 것이 아니다. 당시의 사람들은 개인과 가족의 신뿐만 아니라 민족의 신을 믿었기 때문에 이러한 질문을 통해 종교적 배경도 알 수 있었다. 이에 대해서는 더글라스 스튜어트, 『호세아-요나』, 807을 보라.

17 70인역에는 히브리어 본문에 등장하는 '히브리 사람' 대신 '주의 종'을 뜻하는 '둘로스 퀴리우'(doulos kuriou)가 사용되었다. 아마도 '히브리'라는 단어를 '종'을 뜻하는 '오베드'로 읽은 것으로 보인다. 열왕기하 14장 25절도 요나를 하나님의 종이라고 언급하고 있다. 그래서 퍼킨스(L. Perkins)는 70인역이 열왕기 본문의 영향을 받은 것으로 생각한다. L. J. Perkins, "The Septuagint of Jonah: Aspects of Literary Analysis Applied to Biblical Translation," *BIOSCS* 20 (1987): 47.

18 Elizabeth Achtmeier, *Minor Prophets I* (NIBCC; Peabody: Hendrickson, 2005), 266.

19 고대 근동의 선원들은 항구 도시에서는 항해 기술과 경험으로 존경을 받았지만, 다른 곳에서는 정치적, 경제적, 문화적으로 경원시 되었다. 이들은 경제적으로

배를 육지로 돌리려 노력했으나 폭풍을 이겨 낼 수 없었다(욘 1:13). 노를 저어 육지에 닿아 보려는 최후의 시도마저 실패하자, 어쩔 수 없이 그들은 요나의 충고를 따라 그를 바다에 던진다.

던지기 전, 그들은 야웨를 부른다. 선장과 선원들이 이스라엘의 하나님 야웨의 이름을 부른 이유는 야웨를 세상을 창조하신 하늘의 하나님으로 간주했기 때문이다. 다시 말해, 유일신으로서 야웨를 부른 것이 아니라 자신들의 신과 비교할 수 있는 신 중의 하나로 부른 것이다.

그들은 야웨께 자신들을 구조해 주시고 죄를 짓지 않게 해 달라고 기도한다. 이 기도에서 우리는, 하나님 앞에 양심의 가책을 느끼지 않고 그의 뜻에 순종하려는 그들의 마음을 엿볼 수 있다.[20]

선원들이 요나를 바다에 던지자 폭풍과 높은 파도가 곧 잠잠해졌다(15절). 선원들은 이제 어떤 신이 이 폭풍우를 잠잠하게 했는지 깨닫게 되었다. 비록 죄인을 '무죄한 죄'로 명명하며 하나님의 눈을 피하려고 했지만, 하나님께서는 그들의 의도를 개의치 않으셨다. 하나님께서는 인간의 불순종과 악한 계획일지라도 선으로 바꾸시기 때문

빈곤하였으며 한 곳에 머무르지 않고 계속 돌아다녔기 때문에 거주민들에게 주어진 권리를 갖거나 행사하지 못했다. Charles M. Reed, *Maritime Traders in the Ancient Greek World* (New York, NY: Cambridge University Press, 2004), 55, 85. 따라서 요나서에 등장하는 선장이나 선원들이 요나를 특별하게 대우한 것은 이상한 일이 아니다. 요나는 뱃삯을 낼 정도의 유복한 손님이었으며, 장거리를 여행하기 위해 다량의 식료품과 생활용품을 소지하였을 것이기 때문이다.

20 A. 바이저, K. 엘리거, 『소예언서』 46.

이다(창 50:20; 롬 8:28).

선원들은 하나님의 눈을 가리려다 오히려 하나님의 능력을 체험했다. '무죄한 피'가 아닌 죄인을 바다에 던졌음에도 폭풍과 파도가 잠잠해진 것이다.[21]

선원들은 "바다와 육지를 지으신 하늘의 하나님 여호와"께 제물을 드리고 서원했다. 그리고 "그 사람들이… 를 크게 두려워하여 (정말로 믿었다)"(וייראו האנשים יראה גדולה/ 바이르우…이르아 게돌라, 문자적으로는 '크게 두려워했다')는 기록처럼, 야웨 앞에 두려움을 품게 되었다.

그러나 그들이 두려워하고 하나님을 믿었다는 말은, 야웨를 유일한 신으로 고백하며 개종했다는 의미는 아니다. 대신, 그들은 야웨가 '자기 뜻대로'(그가 원하는 대로) 행하실 수 있다는 것(14절)에 대한 분명한 확신을 얻게 되어, 그들이 이미 믿고 있는 신(들) 중에 야웨를 첨가해 넣었다.

물론, 그들의 믿음은 야웨가 존재한다는 개념에 단순하게 국한된 것은 아니었다. 오히려 그런 믿음은, 그들이 관행적으로 해 왔던 혼합주의에서 기인한 자연스러운 생각이었다. 야웨는 그들이 더는 무시하지 못하는 신, 즉 섬김을 받고 두려워해야만 할 신이 되었다.

하나님을 두려워하게 된 선원들은 '제물'(זבח/제바흐)을 드렸다. 제물을 드리는 것은 물건을 완전히 버려 버린 배 위에서는 도저히 이루

---

[21] 윤동녕, "요나서 1장에 나타난 선원들을 향한 선교: 고대 근동 종교와 문화의 관점으로 본 요나서",「선교와 신학」45(2018), 194-195.

어질 수 없었을 것이다. 대양을 항해하는 배에서 먹을 수 있는 동물들을 운송하는 것은 오늘날과 마찬가지로 고대에서도 흔치 않았다. 따라서 희생 제물을 드리는 것은 배 안이 아니라 해안가에서 이루어졌을 것이다.

알려진 증거에 따르면, 고대 근동의 모든 종교에서 희생 제물을 드리는 것은 성소들 혹은 성전들에서 이루어졌다. 그래서 어떤 주석가들은 선원들이 구원에 대한 감사의 희생 제물을 드리기 위해 이미 세워진 야웨 성소 혹은 성전으로 갔을 것이라고 주장한다.[22]

그러나 구원의 사건을 경험한 배 위에서 희생 제물을 드렸을 가능성도 무시할 수 없다. 어떤 랍비가 주장한 대로, 선원들은 나중에 예루살렘 성전에 올라가 제사를 지낸 것이 아니다.[23] 그들은 선상에서 하나님께 제사를 지냈다.[24]

선원들은 유대인으로 개종하기 위해 할례를 행하거나, 예루살렘을 향해 기도하거나, 또는 그곳으로 가려고도 하지 않았다. 그들은 어느 곳인지 알 수 없는 이방의 배 위에서 하나님께 예배를 드렸다. 이처럼, 선원들이 배 위에서 제물을 바치고 서원하는 모습은 오직 예루살렘만을 합법적인 예배처로 인식하던 여호와 종교의 편협성을 탈피한

---

[22] 더글라스 스튜어트, 『호세아-요나』, 814-815.
[23] 랍비 엘리에제르(Pirke de Rabbi Eliezer)는 선원들이 제사를 지낸 것에 대해 다음과 같이 설명하고 있다. "그들은 욥바로 귀환한 뒤 예루살렘에 올라가 할례를 받았다. '그들이 여호와를 크게 두려워하여 여호와께 제물을 드리고 서원을 하였더라'라고 기록된 대로이다." Limburg, *Jonah*, 57에서 인용.
[24] Sasson, *Jonah*, 139-40; Wolff, *Obadiah and Jonah*, 121-22.

것이다.[25]

선원들은 거친 폭풍 때문에 어쩔줄 몰라 하며 두려워했다(5절). 그리고 요나의 범죄 때문에 자신들이 위기에 처하게 된 것을 알고 더욱 두려워했다(10절). 그러나 이 모든 두려움이 하나님을 크게 두려워하는 경외심으로 바뀌게 되었다(16절).[26] 왜냐하면, 요나의 희생을 통해 하나님께서 바다를 잠잠하게 하셨음을 확신했기 때문이다.

선원들은 이번뿐만 아니라 앞으로도 계속 여호와 하나님만을 신뢰하기로 서원하였다.[27] 이처럼 요나의 도망 사건은, 이방신 숭배자들을 하나님의 백성으로 개종시켜, 평생 하나님을 두려워하는 하나님의 백성으로 살게 한 계기가 되었다.

하나님께서 그의 선하신 목적을 이루셨다.

---

25 A. 바이저, K. 엘리거, 『소예언서』, 46.
26 Wolff, *Obadiah and Jonah*, 121.
27 스튜어트는 사공들이 하나님께 서원을 했다는 것은 오랫동안 하나님을 섬겼음을 반증한다고 주장한다. 더글라스 스튜어트, 『호세아-요나』, 815.

2. 예언에 대한 니느웨의 반응

요나는 니느웨 사람들에게 "사십 일이 지나면 니느웨가 무너지리라"라는 짧은 예언을 선포한다. 그의 예언은 마치 포고문처럼 짧고 간결하다. 포고문은 선포와 전달, 그리고 빠른 전파가 목적이기 때문에 장황한 설명이 필요하지 않다.

이처럼 짧은 메시지는 청중에게 메시지의 진정성을 강화하는 효과가 있다.[28] 그래서 니느웨 사람들은 외국에서 온 요나의 메시지를 한 치의 머뭇거림도 없이 진실이라고 받아들이며, 즉각적으로 행동에 나섰다.

요나는 히브리인으로서 앗수르어나 아람어에 익숙하지 않았기 때문에 극히 짧은 문구로 선포했을 것이다.

외국에서 온 예언자가 서툰 발음으로 선포한 짧은 예언은, 마치 신적 언어처럼 신비하게 들렸을 것이며, 바다를 건너온 신의 메신저가 전한 예언은 자국의 예언들보다 더 큰 충격을 주었을 것이다.[29]

IVP 성경 배경 주석은 다음과 같이 말한다.

---

28 Ben Zvi, *Signs of Jonah*, 89.
29 새슨(J. Sasson)은 에스겔 3장 4-7절을 인용하며 예언 선포에 있어 언어는 중요하지 않다고 주장한다. 왜냐하면, 예언을 이해할 수 있는지보다는 하나님의 말씀에 순종하는지가 더 중요하기 때문이다. 비히브리어권에서의 예언과 대화에 대해서는 Sasson, *Jonah*, 232-33을 참조하라.

> 그가 이방 사람이라는 사실은 오히려 그의 메시지가 진실하다는 증거가 되었을 것이다.
> 신이 명령한 일이 아니라면 왜 이방인이 이 먼 곳까지 찾아왔겠는가?
> 요나가 그들에게 종교를 바꾸라고 요구하지도 그들의 국가 신을 폐위시키려 하지도 않았다는 점을 기억하라.[30]

요나의 예언은 고대 근동의 다른 예언처럼, 곧바로 궁정에 보고되었을 가능성이 크다.

스튜어트는 요나가 외교관으로 파송되었기 때문에 왕을 직접 알현할 수 있었다고 하지만, 이에 대한 본문의 증거는 없다.[31]

요나는 외국인 예언자였기 때문에 궁궐에 들어가 왕에게 직접 예언을 선포할 수 없었다. 그러나 비록 한 외국인이 선포한 예언일지라도, 성읍이 멸망한다는 예언은 쉽게 무시될 수 없었다. 왜냐하면, 요나의 예언은 밀실에서 선포된 것이 아니라 거리에서 선포되었기 때문이다. 이 예언이 백성 가운데 계속해서 퍼지면 성읍을 더 큰 혼란

---

30 존 월튼, 빅터 매튜스, 마크 샤발라스, 『IVP 성경 배경 주석』, 1131.
31 스튜어트는 와이즈만을 인용해 다른 사자(使者)들과 같이 요나가 허락된 조서(調書)에 따라 들어가고 떠났다고 생각한다. 그는 요나의 첫째와 셋째 날은 만남과 설명들, 그리고 아마도 공식적인 청문의 일정들조차 포함되어 있었을 것이라고 생각한다. 스튜어트, 『호세아-요나』, 851-852. 와이즈만은 '삼 일 길'(3:3)을 당시의 외교적 관행에 빗대어 설명한다. "고대의 동양적인 환대의 관행은 첫째 날은 도착하고, 둘째 날은 방문의 중요한 목적을 이야기하고, 셋째 날은 돌아가는 것이었다". Wiseman, "Jonah's Nineveh," 38.

에 빠뜨릴 위험이 있었다.

왕은 성읍의 운명을 좌우하고, 왕권의 지속성을 위협할 이 예언을 무시할 수 없었다. 그래서 왕은 곧바로 조서를 선포해(3:7)[32] 온 성읍의 거주자들이 이 예언에 대처할 수 있도록 조처하였다.

고대 근동에서 예언은 신적 지식을 인간 세상에 전하는 종교적 매체 혹은 점술 신탁(divination)의 한 형태로 간주되었다.[33] 따라서 요나가 예언을 선포한 의도와 이를 수용한 니느웨 백성의 반응을 구분해 생각할 필요가 있다.

요나는 니느웨의 심판을 선포했지만, 니느웨 백성은 요나의 예언을 곧 다가올 불길한 징조(omen)로 간주했다. 당시 니느웨 백성이 예견할 수 있었던 불행은 홍수, 지진 같은 자연재해, 기근이나 전염병, 전쟁이나 왕권의 전복 등일 것이다.

---

[32] 요나가 니느웨에 머물던 시기에는 앗수르제국이 지역의 유력 귀족들이 통치하는 지역들로 분열되어 있었다. 이들은 왕의 허락을 받지 않고 자신들의 업적을 비문으로 남겼다. 샴쉬일루(Shamshi-ilu)는 왕의 이름을 기재하지 않고 궁중 양식으로 비문을 작성했다. 그는 우라루투(Urarutu)와의 전쟁에서의 승리를 자랑하고 있는데 왕의 이름을 언급하고 있지 않다. 그는 서로 다른 자신의 직책명을 2회 언급하고 있다. 심지어 강력한 권력을 소유한 소수 고위 관리들은 제국의 근간을 위협했다. 이러한 상황은 주전 745년 티글랏필레세르 3세(Tiglath-Pleser III)가 앗수르의 왕정을 강화한 이후 급변했다. 하지만, 앞에서 언급한 시기에는 귀족들의 세력이 강해 왕처럼 행세했다. 따라서 요나 3장 7절에 왕의 조서에 귀족들이 참여한 일은 놀라운 일이 아니다. Ferguson, "The King of Nineveh," 313.

[33] M. Nissinen, "Prophecy as Construct," P. Gordon and Hans M. Barstad (eds.), *"Thus Speaks Ishtar of Arbela": Prophecy in Israel, Assyria, and Egypt in the Neo-Assyrian Period* (Winona Lake: Eisenbrauns, 2013), 11.

그러나 요나는 심판의 내용이 무엇인지를 밝히지 않았다. 그런데도 요나의 예언이 니느웨 사람들을 불안하게 한 것은 그의 예언이 선포되던 즈음에 관측된 불운한 징조 때문일 것이다.

이에 대해 와이즈만(Donald J. Wiseman)은 다음과 같이 설명한다.

> "40일 안에 니느웨가 무너질 것이다"(3:4)라는 요나의 예언 또는 메시지는 앗수르 사람들에게는 어떤 유형의 불운이 예상될 것인가를 알려 주는 결과절(apodosis)처럼 이해되었을 것이다. 그것은 왕을 "흔들었고 영향을 미쳤다"(3:6). … [요나의 예언에 대한] 즉각적인 반응은 조서에서 분명히 알 수 있는 것처럼 메시지가 니느웨 도시뿐만 아니라 왕과 그의 지위에도 영향을 미치는 것으로 받아들여졌음을 분명히 보여 준다.[34]

이처럼 요나의 예언이 미래에 닥쳐올 불행을 암시하는 '결과절'(apodosis)이라면, 니느웨 사람들에게 알려져 있던 불행의 조건(protasis)은 무엇이었을까?[35]

---

34 Wiseman, "Jonah's Nineveh", 44.
35 조건절이 자연 세계에서 벌어지는 일정한 규칙이라면, 귀결절은 인간 사회에 미칠 영향에 관해 기술한다. 그래서 조건절과 귀결절의 관계를 'P이면 Q이다'라는 간단한 도식으로 설명하기도 한다. F. Rochberg, "'If P, then Q': Form and Reasoning in Babylonian Divination", A. Annus (ed.), *Divination and Interpretation of Signs in the Ancient World* (Chicago: The University of Chicago, 2010), 18-28.

학자들은 앗수르단 3세 통치 10년인 주전 763년 6월 15일, 앗수르 전역에서 관찰된 개기일식으로 추정한다.[36] 고대 근동에서 개기일식은 불운을 가져오는 전조로 여겨졌다. 개기일식은 전쟁이나 자연재해가 발생하는 전조였으며, 심지어 왕이 암살당해 왕권이 바뀔 수 있는 아주 불운한 징조였다.

와이즈만은 에누마 아누 엔릴(*Enuma Anu Enlil*) 징조(예언) 본문에 대한, 실제의 니느웨 역본들로부터 관련성이 있는 조건적 경고들의 몇 가지에 대한 번역을 제시하고 있다. 이 본문들은 다음과 같은 내용을 포함하고 있는데, 일식에 따라 어떤 종류의 사건들이 예견될 수 있는지에 대한 예언들을 담고 있다.

> 왕은 폐위되고 죽임을 당할 것이며, 하잘것없이 무익한 자가 왕위를 잡을 것이다.
> 왕이 죽을 것이고, 하늘에서 내리는 비는 땅에 홍수를 낼 것이다.
> 기근이 있을 것이다.[37]

앗수르 왕들은 이런 징조(예언)들을 심각하게 받아들였다. 왕들은 그런 징조에 대한 예언자나 점술사들과 중요한 서신을 주고받으며 왕래했다.[38]

---

36 Wiseman, "Jonah's Nineveh," 46.
37 Wiseman, "Jonah's Nineveh," 46.
38 A. L. Oppenheim, "Divination and Celestial Observation in the Late Assyrian Em-

고대 메소포타미아인들에게 일식은 불행을 예고하는 징조였다. 일식의 극적인 현상은 땅 전체나 왕 자신에게 영향을 미칠 만큼 중요한 징조였다. 부분 일식도 개기일식만큼은 아니더라도, 개기일식만큼이나 흥미로울 수 있다. 가려지는 태양이나 달의 사분면에 따라 불행이 북쪽, 남쪽, 동쪽 또는 서쪽의 땅으로 향했다. 달은 때때로 '왕관'에 비유되었기 때문에, 월식은 특히 왕의 죽음을 예언하기도 했다.[39]

따라서 이러한 불운한 징조를 벗어나려면, '남부르비'(*namburbi*)를 시행해야 했다. '남부르비'는 재앙의 전조를 제거하는 제의 혹은 액막이 제의이다. 액막이 제의는 재앙을 막고, 그것을 비켜 나가게 하는 데 목적이 있다.[40] 왕이 조서를 내려 백성이 금식하고 굵은 베옷을 입게 한 것(욘 3:7-8)은 이 제의의 일환이었을 것이다.

실제로 앗수르단 3세가 고잔(Gozan)의 총독인 만누-키-아슈르(Mannu-ki-Ashur)에 보낸 편지에는 요나서의 상황과 유사한 사례가 기록되어 있다.

> 왕의 칙령. 너와 네 백성, 네 땅, 네 초원의 모든 사람은 아다드 신 앞에서 사흘 동안 애도하고 기도하며 회개할 것이다. 당신은

---

pire," *Centaurus* 4 (1969) 97-135.

[39] Louise Lerner, "Eclipse Reflects Sun's Historic Power." http://www.uchicago.edu/features/eclipse_reflects_suns_historic_power/ 2023년 11월 24일 접속.

[40] Richard I. Caplice, *The Akkadian Namburbi Texts: An Introduction* (Los Angeles: Undena Publications, 1974), 9.

안식을 취할 수 있도록 정화 의식을 수행해야 할 것이다.[41]

이 칙령은 요나 3장 7-10절에 요나가 묘사한 회개와 매우 유사하다. 왕도 이 제의에 동참했는데, 그에게는 특별한 의식이 시행된 것으로 보인다.

"왕이 보좌에서 일어나 왕복을 벗고 굵은 베 옷을 입고 재 위에 앉으니라"(ויקם מכסאו ויעבר אדרתו מעליו ויכס שק וישב על־האפר/바야콤 미키스오 바야아베르 아다르토 메알라브 바예카스 사크 바예셰브 알-하에페르/욘 3:6).

왕은 우선 왕좌에서 내려와 왕복을 벗고, 재 위에 앉았다. 니느웨 왕의 이러한 조처는 '대리 왕 제의'(šar puḫi, substitute king ritual)의 절차와 유사하다.[42]

'대리 왕 제의'는 '남부르비'의 한 종류로서 죽음의 위기 가운데 있는 왕을 대신할 '가짜 왕'을 내세워 불운을 빚겨 나가게 하는 제도이다.[43] 이 제의가 진행되는 동안 진짜 왕은 왕복을 벗고 왕좌를 벗어나 평민으로 살아야 한다. 앗수르에서 징조나 예언이 왕에게 위험이 닥쳤음을 알려 오면, 대리 왕을 세우는 것이 흔한 일이었다. 이 사람은 왕좌에 앉아 왕복을 입는다. 그동안 왕은 정화 의식을 치를 것이다.

41　Wiseman, "Jonah's Nineveh," 51.
42　대리 왕(šar pūḫi)은 '푸흐 샤리'(puḫ šarri) 혹은 '살람 푸히'(salam puḫi)로 불리기도 한다. 아카드어 '푸후'(pūḫu)는 기본적으로 '대리'(substitute), '대체'(replacement)를 의미한다. CAD 12, 496-50.
43　Simo Parpola, Letters from Assyrian Scholars to the King Esarhaddon and Assurbanipal (AOAT 5/2; Kevelaer: Butzon & Bercker, 1983), xxii.

흔히 적당한 시간이 지난 후, 대리 왕은 살해되었다. 이는 왕에게 닥친 위험을 다른 사람에게로 돌리려는 조치였다. 이 본문에는 그런 대리 왕에 대한 언급은 없으나, 왕의 행동으로 미루어 이런 조치가 취해졌을 가능성이 있다.[44]

일식 징조(예언) 본문들은, 일식에서 나타난 신의 진노가 구체적으로 왕뿐만 아니라 동물들과 땅 전체 모두를 언급하고 있다고 와이즈만은 지적한다. 물론, 이런 내용은 왕이 내린 조서의 내용(3:7, 9)과 놀라울 정도로 일치한다.[45]

여기에서 '왕복을 벗고'(ויעבר אדרתו/바야아베르 아다레투)에 사용된 동사 '아바르'(עבר)의 히필 형태는, 무언가를 지나가게 하는 행위를 나타낸다. 이 동사는 한 장소에서 다른 장소로 이동시키는 데 사용되는데, 본문에서는 단순히 왕의 옷을 벗는 행위가 아니라, 왕의 옷을 다른 사람에게 건네주는 행위를 암시한다.

왕은 왕복을 다른 사람에게 벗어 줌으로써 왕위를 이양했음을 상징적으로 보여 준다. '아바르' 동사는 니느웨 왕이 대리 왕 제의의 절차를 따르고 있었음을 보여 준다.[46] 그 때문에 이때 선포된 '왕의 조서'(מטעם המלך/미타암 하멜렉, 3:7)는 궁중 관료들이 왕의 이름으로 발표

---

44 존 월튼, 빅터 매튜스, 마크 샤발라스, 『IVP 성경 배경 주석』, 1131.
45 더글라스 스튜어트, 『호세아-요나』, 858.
46 동사 '아바르'(עבר)의 대리 왕 제의 모티브에 대해서는 윤동녕, "대리 왕 제의의 관점으로 본 다윗 왕의 위기 극복 과정", 「구약논단」 57(2015), 126-55를 참조하라.

한 것으로 생각된다.⁴⁷

왕이 이처럼 대리 왕 제의를 실시하는 이유는, 개기일식이 왕의 암살이나 왕권의 교체와 같은 불행을 가져오는 불운한 징조로 여겨졌기 때문이다. 앗수르 징조(예언) 본문들이 주는 증거로부터, 우리는 왕이 요나서에 기록된 종류의 행위를 하게 된 배경에 불운한 상황이 예기되었음을 알 수 있다. 이와 같은 상황에서 어떤 것은, 신의 진노를 나타내는 증거로 보일 수 있었을 것이고, 그런 상황은 왕 자신의 권위가 위협되지 않도록 앗수르 왕에게 구원을 모색하도록 했을 것이다.

만약 하나님의 때에 맞추어, 요나가 이런 재앙 중의 하나가 발생할 즈음에 니느웨에 도착했다면, 하나님이 요나에게 주신 메시지에 왕과 니느웨 사람들이 보인 반응은 그렇지 않은 여건에서 생각되는 것보다 훨씬 더 믿을 만한 것이 되었을 것이다.

---

47   조서(詔書)가 왕 그리고 대신들의 이름으로 선포되었다는 것은 주목할 만하다. 왕이 조언을 해 주는 대신들에게 자문을 구하는 관행은 다른 곳에서와 마찬가지로 앗수르에서도 보편적인 일이었다. 그렇지만 왕과 대신들이 함께 조서를 발하는 것은 일반적인 일은 아니었다. 결과적으로 어법은 때때로 후대 바사의 관행을 반영하는 것으로 생각되기도 했었다. 다른 대안으로, 만약 이 시기에 앗수르 왕의 통치하는 권위가 나라의 어떤 지역에서는 회의가 될 정도로 그 세력이 정말로 약해졌다면, 혹은 만약 동의에 의해 그의 통치가 일정 기간 공위(空位) 기간으로 있는 것이 필요했다면, 조서에 '그(의) 대신들'(גדליו/게돌라이오)을 포함하는 결정은 이해할 만한 것이다. 또한, 어법은 참된 합의를 반영해 주고 있다. 그 참된 합의는 백성과 일치하는 권력을 분명하게 그리고 의도적으로 가져오는 것이다. 지푸라기라도 잡으려고 하는 왕은 유일한 권위 주장을 그런 경우에 기꺼이 완화했을 것이다. 스튜어트, 『호세아-요나』, 859-860.

그 어느 곳에서 온 것 같지도 않고 '하나님'(혹은 앗수르 사람들이 그 당시에 일반적으로 '하나님'이라는 뜻의 *il* [u]로 표기한 '야웨')의 이름으로 말하는 요나 같은 선지자는, 국가적 위기의 시기에, 하나님이 싫어하셔서 발생한 것으로 여겨지는 상황에서, 일반적인 여건에서 생각되는 그 어떤 것보다 훨씬 더 영향력 있게 받아들여졌을 것이다.[48]

니느웨 사람들은 요나의 메시지가 신에게서 왔으며, 그 신이 위협한 바를 행할 만한 존재라고 믿었다. 그 결과, 요나의 메시지를 징조의 메시지에 견주는 데까지 이르렀다.

징조는 자연계에서 이루어지는 현상으로, 신들이 역사의 영역 안에서 행하고자 하는 일과 관련이 있다고 여겨졌다. 징조를 관찰하는 가장 흔한 방법은 매일 희생 제물과 바치는 동물들의 내장을 검사하는 것이었다. 신장이나 간장 같은 장기들의 배치에 따라 유리한 혹은 불리한 징조로 해석되었다. 그런가 하면 동물의 행동, 새의 이동, 천체의 움직임, 그 밖에 다른 많은 자연 현상으로부터 징조를 얻었다.

만약 요나가 예언을 선포하기 며칠 전 혹은 몇 주 전에 불리한 징조들이 있었다면, 사람들은 그의 메시지의 진실성을 즉시 받아들였을 것이다. 또한, 희생 제의를 드렸는데 그 장기들이 임박한 심판을 입증했다면, 사람들은 요나의 말을 매우 진지하게 받아들였을 것이다.[49]

---

48 더글라스 스튜어트, 『호세아-요나』, 855-856.
49 존 월튼, 빅터 매튜스, 마크 샤발라스, 『IVP 성경 배경 주석』, 1131.

3. 요나의 종교적 기능

요나는 1장에서 니느웨에 가서 하나님의 말씀을 선포하라는 예언자의 소명을 받는다. 이러한 소명은 3장에서 반복되며 마침내 3장 4절에서 예언을 선포한다.

일반적으로 예언자는 '나비', '로에', '호제' 혹은 '이쉬 하엘로힘'과 같은 직책명이 붙어 있어 이를 통해 예언의 형태를 추측할 수 있다. 그러나 요나서에는 요나에게 어떠한 예언자적 직책도 부여되지 않는다. 물론, 예언자 직책이 부여되지 않는 경우도 종종 있다.

아모스는 벧엘의 제사장 아마샤가 '선견자'(חזה/호제)라고 부를 때 스스로를 '선지자'(נביא/나비)나 '선지자의 아들'(בן-נביא/벤-나비)이 아니라고 부인했다(암 7:12-13). 에스겔도 자신이 예언자로 불리는 것을 원치 않아 자신을 '사람의 아들'(בן-אדם/벤-아담)로 불렀다.

요나의 경우 열왕기하 14장 25절에서 '선지자'(נביא/나비)로 불리지만 요나서에서는 예언자적 직책명을 알 수 없다. 이러한 점은 우리에게 그가 예언자적 직책명 없이 다양한 기능을 한 종교 전문가(religious specialist)가 아니었나 추측하게 한다. 이 때문에 그를 만난 사람들이 요나를 이스라엘의 특수한 종교인이 아닌, 지역에서 흔히 볼 수 있는 일반적 종교인의 한 사람으로 여기고 대응했을 가능성이 있다.

1) 꿈 신탁가

다시스로 가는 배가 큰 바람 때문에 요동치고 있을 때, 요나는 배의 가장 아래쪽에 내려가 잠을 자고 있었다. 선장은 그에게 가서 그를 깨우며, 하나님께 도움을 요청하기를 촉구했다.

> 선장이 그에게 가서 이르되 자는 자여 어찌함이냐(마 레카 니르담) 일어나서 네 하나님께 구하라 혹시 하나님이 우리를 생각하사 망하지 아니하게 하시리라 하니라(욘 1:6).

여기에서 '자는 자'(נרדם/니르담)는 '잠을 자다'를 뜻하는 동사 '라담'(רדם)의 니팔 분사형이다.[50] 이 동사는 시가서와 예언서에 총 7회 등장하며, 일반적으로 빠르게 깊이 잠드는 상태나, 의식을 차릴 수 없을 정도로 깊은 잠에 든 상태(시 76:6)를 의미한다. 그러나 다니엘서에서 이 단어는 예언적인 환상을 목격하는 무의식의 상태를 표현하는 데 사용되었다(단 8:18).[51]

---

50 니르담(nirdām)은 동사 '라담'(rādam)의 니팔형 삼인칭 남성 단수 분사형이다. 때문에 개역개정처럼 호격으로 사용하지 않고 진행형으로 번역한 경우도 있다. 따라서 잠을 자는 상태를 의미하기 때문에 "어찌하여 잠을 자고 있는가"로 번역하기도 한다. 니르담의 번역 문제에 대해서는 Baldwin, "Jonah," 556을 참고하라.

51 Sweeney, *The Twelve Prophets*, 321.

한편, 동사 '라담'에서 파생된 여성 명사 '타르데마'(תרדמה)도 깊은 잠(deep sleep), 졸음(sleepiness) 혹은 무기력(lethargy)을 의미한다. '타르데마'(תרדמה)는 혼수 상태에 이를 정도의 깊은 잠을 의미한다. 아브라함은 깊은 잠이 들었을 때, 환상 가운데 자신의 후손들이 장래에 애굽에서 노역을 할 예언을 들었고(창 15:12), 욥도 깊은 잠에서 환상을 본다고 말한다(욥 4:13; 33:15).

물론, 깊은 잠이 특별한 의미 없이 사용될 때도 있지만(삼상 26:12; 사 29:10), 많은 경우 예언적 환상을 보게 되는 잠을 의미한다.[52] 때문에 타르데마는 예언적 환상을 보게 하는 일종의 황홀경 상태를 의미한다.[53]

깊은 잠은 하나님의 현존이나 하나님의 간섭을 상징한다. 예언자들은 하나님께서 말씀하시는 순간을 파악하여, 하나님의 말씀을 받기 위해 재빨리 잠에 빠져들었다. 이런 방식으로 예언자들은 미래에 대한 하나님의 계시를 받곤 하였다.[54]

때문에 요나는 단순히 깊은 잠에 빠진 것이 아니라, 잠자는 동안 하나님께서 보여 주신 환상을 보았을 것이다. 따라서 요나의 깊은 잠을 피로나 낙담 같은 심리 상태와 연계시키는 것보다는, 예언이나 신탁의 맥락에서 해석하는 것이 훨씬 더 타당하다.[55]

---

[52] Sweeney, *The Twelve Prophets*, 322.
[53] Sweeney, *The Twelve Prophets*, 321.
[54] Sasson, *Jonah*, 102.
[55] Thomas M. Bolin, *Freedom beyond Forgiveness: The Book of Jonah Re-Examined* (JSOT Sup 236; Sheffield: Sheffield Academic Press, 1997), 80.

'자는 자'(נרדם/니르담)는 고대 근동의 '꿈 신탁가'(oneiromantic)를 연상시킨다. 고대 근동에서는 신전에서 잠을 자며, 신의 뜻을 간구하는 '인큐베이션'(incubation)이 신탁의 한 형태로 널리 사용되었다.[56]

마리(Mari) 왕국에서는 '샤일루'(šā'ilu), 신앗수르(Neo-Assyria)에서는 '샤브루'(šabrû)가 전문적인 꿈 신탁가로 알려져 있었다.[57] 구약성서에 등장하는 사무엘도, 샤일루나 샤브루처럼 성막에서 잠을 자다 하나님의 음성을 들었다(삼상 3:1-21).[58]

요나도 '꿈 신탁가'처럼 잠을 자는 사이에 신탁을 받은 것 같다. 아마도 그는 수면 황홀경 상태(ecstatic sleep)에 빠져 있었을 것이다. 마치 민수기의 발람이 잠을 자고 있을 때, 어떤 강력한 힘이 눈을 뜨게 해 환상을 보게 했듯이("눈을 감았던 자", 민 24:3, 15; "엎드려서 눈을 뜬 자", 민 24:4, 16)[59], 요나도 하나님께서 잠들게 해, 잠든 사이에 환상을 보게 했을 것이다.[60]

---

[56] 고대 근동의 꿈 신탁에 대해서는 S. A. L. Butler, *Mesopotamian Conceptions of Dreams and Dream Rituals* (AOAT 258; Münster: Ugarit-Verlag, 1998)을 참조하라.

[57] Herbert B. Huffmon, "Prophecy (ANE)," *ABD* 5, 477-82. 고대 근동의 꿈 신탁에 대해서는 윤동녕,『과거의 미래: 고대 근동 종교 전문가들의 종교적 지식과 미래학』(서울: 드림북, 2021), 78-90을 참조하라.

[58] 사무엘의 꿈 이야기에 대해서는 Robert Karl Gnuse, *The Dream Theophany of Samuel: Its Structure in Relation to Ancient Near Eastern Dreams and Its Theological Significance* (Lanham, MD: University Press of America, 1984)를 보라.

[59] Philip J. Budd, *Numbers* (WBC 5; Waco: Word, 1984), 269. NEB는 "황홀경 상태에서 주시하는 듯한 눈으로 보는 사람"(who with staring eyes sees in a trance)으로 번역하고 있다.

[60] 새슨은 요나가 폭풍에 대한 응답을 얻기 위해 잠들었으며, 예언자로서 하나님의 뜻에 순종한 것이라고 해석한다. 새슨은 요나가 잠들었을 때 하나님으로부

선장은 이스라엘 백성이 예언자에게 신탁을 구하러 가듯이(삼상 10:5-14; 왕상 14:1-18; 22:5-6; 왕하 4:18-37; 19:1-9; 23:11-20), 요나에게 신탁을 구하기 위해 찾아갔다.[61] 그는 마치 꿈 신탁가를 대하듯, 요나에게 하나님께 구원의 가능성을 알아봐 달라고 요청했다.

"혹시(אוּלַי/울라이, 욘1:6) 하나님이 우리를 생각하사(יִתְעַשֵּׁת/이트아셰트, 욘1:6) 망하지 아니하게 하시리라"라는 문구는 선장이 어떤 질문을 했는지를 가늠하게 한다.

'혹시'로 번역된 '울라이'는 '만일 ~라면'으로 바꾸어 말할 수 있다(참고. 창 18:24; 18:28; 호 8:7). 또한, '생각하사'로 번역된 동사 '아샤트'(עשׁת)는 '기억해 내다', '염두에 두다'로 번역할 수 있다. 따라서 이 문장은, "만일 하나님이 우리를 기억해 내시면, 우리는 망하지 않을 수 있다"로 바꾸어 말할 수 있다.

선장은 요나에게 하나님께서 자신들을 구원하시려는 뜻을 가지고 계신지를 알고자 했다. 만일 하나님께서 그들을 염두에 두고 계셨다면 구원될 수 있을 것이다. 그러나 요나는 이 질문에 어떤 대답도 하지 않았다.[62] 이처럼 신탁가가 질문에 대해 응답하지 않는 경우는,

---

터 도망치던 불순종을 멈추게 되었다고 주장한다. Sasson, *Jonah*, 99-102.

61   선원들은 신의 뜻을 전달하는 수단으로 알려진 꿈과 징조를 아주 중요하게 여겼으며 항해 중에 나타난 자연적 징후들을 심각하게 받아들였다. 특별히 항해 중 사망 사건은 악운을 가져온다고 생각해서 빠르게 처리했다. Handy, "Of Captains and Kings," 35.

62   스위니(M. Sweeney)는 요나가 대답하지 않은 것은 예언자로서 사명을 다하지 못한 것으로 해석하였다. 하지만, 예언자는 질문을 받더라도 때로 응답할 수 없다. 왜냐하면, 하나님께서 말씀하셔야만 구원이든 심판이든 선포할 수 있기 때

신으로부터 답을 얻지 못했기 때문이다. 요나는 아직 하나님으로부터 구원에 대한 어떤 대답을 얻지 못했다. 그래서 침묵을 지킬 수밖에 없었다.

그는 예언자로서도 실패하고 꿈 신탁가로서도 실패했다. 고대 근동의 신탁가들은 이처럼 첫 번째 신탁이 실패한 경우 추가적인 신탁을 시행하였다.[63] 민수기에 등장하는 발람도 첫 번째 신탁에서 응답을 받지 못하자 또 다른 신탁을 하였다(민 22:19-20).

요나를 통해 응답을 받지 못한 선장과 선원들은 다른 신탁의 방법을 사용해 신의 뜻을 묻고자 하였다. 그래서 그들은 제비뽑기를 시행하게 된 것이다.

2) 구원 선포 예언자

요나는 하나님의 명령에 따라 심판을 선언한다. 일반적으로 예언서에 기록된 심판 선언처럼, 니느웨에 선포된 심판 예언은 돌이킬 수 없다. 이미 심판이 시작되었기 때문이다.

이러한 점에서 요나의 예언은 기상 예보관의 일기 예보와 비슷한 점이 있다. 기상 예보관은 일기를 예보하지만, 일기를 바꿀 수는 없

문이다. 따라서 요나가 예언자의 역할을 제대로 하고 있지 않다고 말할 수 없다. 선장은 요나를 예언자가 아닌 꿈 신탁가로 대하고 있음에 유의할 필요가 있다. Sweeney, *The Twelve Prophets*, 313.

[63] 박종수, 『이스라엘 종교와 제사장 신탁: 제비뽑기의 신비』 (서울: 한들출판사, 1997), 115-16.

다. 태풍이 올 시간을 예측할 수 있지만, 태풍의 진로를 바꾸거나 태풍을 소멸시킬 수는 없다.[64]

그러나 요나의 예언은 회개를 촉구하거나, 어떤 대안을 제시하지 않는다. 요나는 이방인을 회개시키는 선교사가 아니다. 요나의 메시지는 흔히 예언자에게 주어지는 것처럼, 임박한 심판을 알리는 선언이었다.

> 요나의 메시지에는 어디에도 회개를 촉구하거나 거짓 신을 버릴 것을 요구한다는 단서가 없다. 하나님이 그들에게 원하는 바 활용법을 가르쳐 준다거나 그들의 죄악 된 행위를 고발하는 내용도 전혀 없다. 어떠한 조건적 제안도 없다.[65]

예언자의 역할을 선교사의 역할과 혼동해서는 안 된다. 고대 세계의 예언자는 하나님이 부여한 어떤 메시지를 특정한 청중에게 전달하는 과제를 수행했다. 반면 선교사는 하나님의 구원 메시지를 모든 사람에게 알리는 과제를 수행한다. 예언자의 메시지는 선교사의 메시지처럼 좋은 내용인 경우가 거의 없었다.

요나의 메시지에는 어디에도 회개를 촉구하거나 거짓 신을 버릴 것을 요구하는 단서가 없다. 하나님께서 그들에게 원하는 바를 가르

---

64 Janet H. Gaines, *Forgiveness in a Wounded World* (Atlanta: SBL, 2003), 90.
65 존 월튼, 빅터 매튜스, 마크 샤발라스, 『IVP 성경 배경 주석』, 1130.

치거나, 그들의 죄악된 행위를 고발하는 내용도 전혀 없다. 어떠한 조건적 제안도 없다. 고대 세계의 예언자는 포괄적인 신학을 전달하거나, 특정한 종교적 세계관으로 개종시키기 위해 오는 것이 아니었다. 그는 하나님이 주신 메시지를 전달하러 왔다.[66]

요나는 하나님의 명령에 따라 심판을 선포했다. 하지만, 앞 장에서 언급했듯 니느웨 백성은 요나의 예언을 통해 얼마 전에 발생한 개기일식이 가져올 불행을 예고하는 경고로 이해했다. 때문에 요나의 예언은 표면적으로는 심판 예언이지만, 간접적으로는 니느웨와 니느웨 왕을 구원하는 구원 신탁의 기능을 하고 있다.

고대 세계에서 예언은 잘 알려진 행위였으므로 이런 종류의 상황은 앗수르인에게 낯설지 않았을 것이다. 요나보다 약 1세기 후인 아슈르바니팔 시대의 기록은, 앗수르의 예언자들과 그들의 메시지에 관한 언급이 상당히 많이 나타난다. 예언자는 공식적으로나 비공식적으로 왕에게 조언자의 역할을 했다. 아슈르바니팔 시대의 보존된 예언 메시지들은 일관되게 긍정적이며 왕의 행위와 결정, 정책을 지지하고 있다.

이러한 예언을 왕을 향한 구원 신탁(royal salvation oracle)이라 불렀는데, 전쟁을 앞둔 왕을 격려하기 위해, 혹은 불확실한 미래에 대해 고민하고 있을 왕을 격려하기 위해, 혹은 신과 왕과의 관계를 재확립하기 위해 선포되었다. 주전 18세기의 마리 문서에는 좀 더 자주 부정

---

66   존 월튼, 빅터 매튜스, 마크 샤발라스, 『IVP 성경 배경 주석』, 1130.

적인 메시지가 나타나지만, 여전히 예언자가 왕에게 메시지를 전하는 것으로 보인다.[67]

요나는 니느웨 백성에게 심판을 선포한다. 그러나 그들은 요나의 예언을 미래에 닥칠 불행을 예고하는 징조로 받아들였다. 그래서 니느웨 백성과 왕은 불운한 징조를 회피하기 위해 베 옷으로 갈아입고 재에 앉아 금식했다. 왕은 자신의 옷을 벗고 왕위에서 벗어나 불운을 가져다 줄 수 있는 징조의 문제를 해결하고자 했다. 이처럼 요나는 심판의 예언을 선포했지만, 오히려 그 예언은 그들을 구원하는 역할을 하였다.

당시 앗수르는 이스라엘을 괴롭혔던 아람을 침공하여 간접적으로 이스라엘이 아람에 대항할 수 있도록 도왔다. 그 때문에, 앗수르의 멸망은 곧바로 이스라엘의 위기가 될 수 있었다. 이러한 점에서, 요나의 사명은 니느웨에게 경고하여 그 세력이 약화되거나 멸망되는 것을 막아 이스라엘의 구원자로서 역할을 지속하게 하는 것이었다.

요나서에 기록된 요나의 예언이 간접적인 구원 신탁의 기능을 했다면, 열왕기에 기록된 요나의 예언은 직접적인 구원 신탁의 기능을 했다. 열왕기하에서 요나는 이스라엘의 구원을 선포한다(왕하 14:25). 그는 여로보암 2세(이하 여로보암)의 죄악에도 불구하고 이스라엘이 전쟁에서 승리하여 예전의 영토를 회복할 것을 예언했다. 그 결과, 여로보암은 하맛 어귀에서부터 아라바 바다까지 회복했다.

---

67 존 월튼, 빅터 매튜스, 마크 샤발라스, 『IVP 성경 배경 주석』, 1130.

아라바 바다가 '버드나무 시내'(사 15:7)나 '소금 골짜기'(왕하 14:7)를 가리킨다면, 여로보암은 모압을 정복하고 왕의 대로 전체를 장악했을 것이다.[68] 여로보암의 성공에 대한 아모스의 부정적인 언급은 당시의 풍요가 역사적 사실임을 뒷받침하고 있다(암 6:13-14).[69]

열왕기는 여로보암의 성공적인 통치를 그의 정치력이나 군사력이 아닌 요나의 예언과 성취의 관점으로 기술하고 있다. 여로보암 당시 요나의 예언이 얼마나 중요한 역할을 했는지를 잘 보여 준다. 하지만, 요나가 어떤 예언을 했는지는 기록하고 있지 않다. 요나서의 예언 형식으로 유추해 볼 때, "그가 이스라엘 영토를 회복할 것이다"(הוא השיב את־גבול ישראל/후 헤쉽 엣-게불 이스라엘, 왕하 14:25)처럼 단순한 예언이었을 것이다.

마치 요나서에서 니느웨가 어떤 원인으로 어떻게 무너지리라고 설명하지 않았듯, 여로보암 당시 요나는 회복만을 선포했다. 이러한 점에서 그의 예언은 왕의 성공적인 통치나 전쟁의 승리와 같은 긍정적인 예언을 선포했던 마리나 앗수르의 예언과 비슷한 점이 있다.

---

68 Donald J. Wiseman, *1 and 2 Kings. An Introduction and Commentary* (Downers Grove: IVP Academic, 1993), 265.
69 아모스 6장 13절의 '허무한 것'과 '뿔들'은 공동번역과 새번역처럼 각기 '로드발'(Lo-Debar)과 '카(가)르나임'(Karnaim)을 가리키는 지명으로 번역될 수 있다. 로드발은 요단강 동편의 길르앗에 위치했으며 야르묵강 북쪽의 마하나임에 가까운 성읍으로서(수 13:24-28) 마길의 집이 위치한 곳이다(삼하 9:4-5). 카르나임은 고대 아스다롯 가르나임과 같은 곳으로 추정되며(창 14:5) 요단강 동편의 바산 땅에 위치한 성읍이다. Diana V. Edelman, "Lo-Debar (Place)", *ABD* 4, 345-346; Michael C. Astour, "Ashteroth-Karnaim (Place)", *ABD* 1, 491. 참고. Paul L. Redditt, "Carnaim (Place)", *ABD* 1, 876.

요나의 예언은 여로보암의 전쟁을 영토 회복을 위한 성전(holy war)으로 인식하게 했다. 요나의 예언은 하나님이 여로보암 왕과 동행하시고 그를 보호하신다는 상징으로 인식되었으며, 예언자 요나는 하나님의 뜻이 이 땅에서 실현됨을 시각적으로 보여 주는 표지로 간주되었다.

요나의 예언은 당시에 활동했던 다른 예언자들의 예언과 대조된다. 요나와는 달리 여로보암 시대에 활동했던 호세아와 아모스는 이스라엘의 죄악에 대한 심판을 예고했다.

호세아는 이스라엘 백성이 하나님을 버리고 우상 숭배에 몰두하고 있다고 비판했고 아모스는 백성이 정의보다는 돈과 불의를 더 사랑하고 있다고 비판하며, 하나님의 심판을 피할 수 없다고 경고했다.

존스(Gwilym H. Jones)는 왜 열왕기가 아모스나 호세아가 아닌 요나를 언급하고 있는지를 다음과 같이 설명한다.

여기에서 무명의 요나를 언급하고, 더욱 중요한 아모스를 완전히 무시한 것은 놀랄 만한 일이다. 그 이유는 분명하다. 요나는 전쟁에 임하는 여로보암을 격려하는 예언을 선포하였다. 요나는 아모스보다는 엘리사의 전통에 가까운 예언자이다. 아모스 6장 13절에서 알 수 있듯이 아모스는 요단강 동편의 정복으로 고무되었던 확신을 저주하였다.[70]

---

70 Gwilym H. Jones, *1 and 2 Kings, Volume II 1 Kings 17:1-2 Kings 25:30* (Grand

아모스는 요나와 달리 사마리아의 멸망을 예언했다. 그의 부정적인 예언은 열왕기하 14장 26절에 다음과 같이 암시되어 있다.

> 이는 여호와께서 이스라엘의 고난이 심하여 매인 자도 없고 놓인 자도 없고 이스라엘을 도울 자도 없음을 보셨고(왕하 14:26).

여기에 사용된 "매인 자도 없고 놓인 자도 없고"(אפס עצור ואפס עזוב/에페스 아쭈르 브에페스 아주브, 왕하 14:26)라는 표현은 자신을 방어할 수 없는 무능력 상태를 의미한다.[71] 이 문구는 "기혼자도 없고 미혼자도 없고"로도 번역될 수 있는데, 왕정의 단절을 예고하는 예언에 주로 사용된다(신 32:36; 왕상 15:10; 21:21; 왕하 9:8).[72]

그러나 이 부정적인 문구 바로 다음에 하나님께서 여로보암을 통해 구원하시겠다는 긍정적인 문구가 뒤따른다.

> 여호와께서 또 이스라엘의 이름을 천하에서 없이 하겠다고도[73] 아니하셨으므로 요아스의 아들 여로보암의 손으로 구원하심이었더라(왕하 14:27).

Rapids: Eerdmans, 1984), 515.
[71] Cogan, Tadmor, *II Kings*, 161. "매인 자도 없고 놓인 자도 없고"라는 문구는 "남아 있어 에워싸인 자"(겔 6:9)라는 문구처럼 왕국의 몰락을 나타내는 표현이다. Cogan, Tadmor, *II Kings*, 107.
[72] 정중호, 『열왕기하』(서울: 대한기독교서회, 1995), 267.
[73] 이름이 없어진다는 것은 상실과 멸망을 상징한다. 상속자가 없거나(신 25:6), 배교하면(신 29:20) 이름을 잃어버린다. 때로 이스라엘 백성을 경고하기 위하여 이 문구가 사용된다(신 9:14). 리차드 넬슨, 『열왕기상하』, 김회권 옮김 (서

이 문구는 요나의 긍정적 예언과 맥락을 같이한다. 그래서 윌슨(Robert R. Wilson)은 이 구절이 사마리아의 운명에 대해 요나와 아모스 사이의 예언적 갈등을 보여 주는 예라고 주장한다.[74]

블렌킨솝(Joseph Blenkinsopp)은 요나가 낙관적이고 민족주의적 예언자였기 때문에 여로보암의 부정적인 평판에도 불구하고 그를 정죄하지 않았다고 주장했다.[75] 또한, 존스는 더 나아가, 요나의 예언이 원래는 여로보암을 격려하기 위해 선포되었을 것이라고 주장한다.[76] 이외에도, 윌슨은 요나가 왕에게 긍정적인 신탁을 선포했지만, 그가 궁중에 소속되었다는 근거는 없다고 주장했다.[77]

구약성서에 등장하는 비문서 예언자들 가운데 상당수는 왕과 관련이 깊다. 이들 중 갓과 나단은 궁중에 거주하며, 왕의 측근으로서 왕에게 예언을 선포하거나 조언을 했다. 엘리야와 엘리사는 궁중에 거주하지는 않았지만, 왕에게 예언을 선포하고, 중요 문제에 대해서는 예언자 못지않은 권위를 가진 조언을 제공했다.

울: 한국장로교출판사, 2000), 350. 원제는 Richard D. Nelson, *First and Second Kings* (Interpretation; Louisville: John Knox Press, 1987)

[74] Robert R. Wilson, 『고대 이스라엘의 예언과 사회』, 최종진 옮김 (서울: 예찬사, 1991), 254. 원제는 Robert R. Wilson, *Prophecy and Society in Ancient Israel* (Philadelphia: Fortress, 1980).

[75] 조셉 블레킨솝, 『이스라엘 예언사: 가나안 정착부터 헬레니즘 시대까지』, 황승일 옮김 (서울: 은성출판사, 1992), 403. 원제는 Joseph Blenkinsopp, *A History of Prophecy in Israel* (Louisville: Westminster John Knox Press, 1983).

[76] Jones, *1 and 2 Kings*, 516.

[77] Robert R. Wilson, 『고대 이스라엘의 예언과 사회』, 254.

이들의 활동이나 예언의 내용은 일치하지 않지만, 대체로 왕과 왕정을 비판적으로 지지하는 역할을 했다. 이들은 때때로, 왕을 비판하기는 했지만, 왕의 죽음이나 왕국의 멸망을 선포하지는 않았다.[78]

요나도 이들과 비슷한 역할을 수행했다. 그는 궁중에 거주하지는 않았지만, 여로보암에 왕국이 확장되리라는 예언을 하여, 그의 왕권을 안정시켰고 그의 확장 정책에 대한 하나님의 지지를 선포했다.[79] 이러한 요나의 예언은 마리와 앗수르에서 왕을 향해 선포되던 구원 신탁과 유사점이 있다.

마리 기록 보관소에는 약 50편의 예언 문헌이 보존되어 있다. 마리의 예언은 왕과 제국의 관심사를 반영하기 때문에 그 내용은 아주 현실적이다. 예언은 왕과 관련된 정치, 외교, 종교적 문제들이 많았다. 마리의 예언은 구약의 예언과 달리 신학적이거나 종말론적이지 않으며, 왕의 잘못을 비판하고 심판하고자 하는 목적을 가지지 않았다.

또한, 니느웨의 왕실 도서관에서 발견된 예언 모음집도 왕실에 많은 관심을 보였다. 특히, 앗수르의 예언은 마리의 예언보다 더 보수적이며, 왕에 대한 비판적 내용은 삭제되고, 오직 왕의 정통성과 왕

---

[78] 왕과 비문서 예언자들과의 관계는 윤동녕, "고대 근동과 이스라엘의 예언에 나타난 왕과 예언자의 관계 연구: 신앗시리아의 예언과 나단의 예언(삼하 7:4-17)을 중심으로", 「장신논단」 44(2012), 27-56과 "제왕 신탁가로서의 훌다의 역할과 기능", 「구약논단」 85(2022), 186-216을 참조하라.

[79] 코간과 타드모는 열왕기의 요나 사역이 요나서를 낳게 하는 계기가 되었다고 주장한다. 그에 따르면, 민족주의적 요나의 성향이 포로 후기에 요나서를 저술하는 데 영향을 주었다고 한다. Cogan, Tadmor, *II Kings*, 161.

정 이데올로기를 수호하는 견해만 담고 있다. 그래서 바이페르트(M. Weippert)는 왕에게 선포되는 구원 신탁을 제왕 신탁(royal prophecy)이라고 규정했다.[80]

열왕기의 요나는 앗수르의 예언자들처럼, 왕과 왕국의 지지자로서 예언을 선포했다. 그는 왕국의 영토가 회복될 것이라는 예언을 통해, 여로보암 왕의 왕위를 보장하고 그의 성공적인 통치를 약속하는 제왕 신탁가의 역할을 한다. 그는 왕과 왕국의 이익에 초점을 둔 마리나 앗수르의 예언자들처럼, 왕의 안전과 왕국의 평안을 선포한 제왕 신탁가의 역할을 하였다.

비록 열왕기에 요나가 선포한 예언이 분명하게 기록되어 있지 않지만, 신적 권위를 부여받은 예언자 요나의 등장은, 여로보암의 왕권과 통치가 하나님의 지지를 받고 있다는 표지로 작동했다.

---

80 M. Weippert, "Assyrishe Prophetien der Zeit Asarhaddons und Assurbanipals", Frederick Mario Fales (ed.), *Assyrian Royal Inscriptions: New Horizons in Literary, Ideological, and Historical Analysis* (Rome: Instituto per L'Oriente, 1982), 71-115.

3) 제의 전문가

예언서에는 이웃 나라를 향해 선포된 열방 신탁이 다수 등장한다.[81] 열방 신탁의 대상은 이웃 나라지만, 예언자가 직접 방문해 선포하지는 않는다. 예언자는 자기 나라에서 자기 백성을 향해 열방 신탁을 선포한다.[82] 그러나 요나는 하나님으로부터 니느웨로 가서 그곳의 백성에게 직접 예언을 선포하라는 명령을 받는다. 상당히 예외적인 경우이며, 어떤 선지자라 하더라도 쉽게 받아들일 수 없는 명령이다.

많은 주석가는 요나가 하나님의 명령을 거부한 것은 니느웨가 악한 성읍이며, 이스라엘을 학대한 나라였기 때문이었다고 주장한다. 그러나 요나가 활동했던 여로보암 당시, 앗수르는 이스라엘을 침공한 적이 없으며, 니느웨는 군사적으로 그리 강대한 성읍이 아니었다.

열왕기에 기록된 역사적 정보에 따르면, 요나는 니느웨 멸망 전에 활동했고, 요나서의 사건은 이스라엘과 앗수르 간의 갈등이 재발하기 이전이다. 열왕기에서 앗수르가 다시 언급된 것은 므나헴 시대(왕

---

81 열방 신탁에 대해서는 John H. Hayes, "The Usage of Oracles against Foreign Nations in Ancient Israel", *JBL* 87 (1968), 81-92; Else K. Holt et al. (eds.), *Concerning the Nations: Essays on the Oracles Against the Nations in Isaiah, Jeremiah and Ezekiel* (London: Bloomsbury, 2015)을 참조하라.

82 마리의 예언 문헌에도 이웃 나라를 향한 예언이 있다. ARM 26 209는 바벨론에 대한 승리를 예고하고 있으며, ARM 26 210은 바벨론의 함무라비왕을 물리칠 것을 예언하고 있다. 이들 예언은 실현되지 않은 것으로 보이지만, 승리에 대한 예고로 왕과 백성을 격려하는 역할을 하였다.

하 15:19-20)로서 디글랏빌레셀 3세(Tiglath-Pileser III, 743-726)의 1차 서부 원정(주전 743-738년) 때이다.[83]

요나가 니느웨를 방문한 때는 앗수르단 3세의 통치기로서 앗수르제국이 힘을 잃고 위기에 처한 시대였다.[84] 그의 통치기에 전염병(*mūtānu*)이 2회(주전 765년, 759년), 반역(*sīḫu*)이 4회(주전 762년, 761년, 760년, 759년) 발생했다.[85]

이처럼 제국이 위기에 빠진 때, 요나는 "사십 일이 지나면 니느웨가 무너지리라"라는 예언을 선포해 니느웨를 충격에 빠뜨렸다. 요나는 니느웨의 심판을 선포했지만, 니느웨 백성은 요나의 예언을 곧 다가올 불길한 징조(omen)로 간주했다. 그래서 니느웨 백성과 왕은 불운한 징조를 회피하기 위해 베옷으로 갈아입고 재에 앉아 금식했다. 이들의 행동은 '남부르비'(*namburbi*) 제의 중 하나인 것으로 보인다.

---

[83] 허셜 생크스, 『고대 이스라엘: 아브라함부터 로마인의 성전 파괴까지』, 김유기 옮김 (서울: 한국신학연구소, 2005), 237. 원제는 Hershel Shanks, *Ancient Israel: From Abraham to the Roman Destruction of the Temple* (Upper Saddle River: Prentice-Hall, 1988).

[84] 아슈르단 3세는 아다드-니라리 3세의 아들로서 주전 772년부터 755년까지 통치하였다. 그의 시대에는 왕권이 축소되었는데, 샴쉬-일루(Shamshi-ilu)라고 하는 군 지휘관(*turtānu*)의 영향력이 강대했기 때문이다. 주전 755년 아슈르-니라리 5세가 왕권을 이어받기 전까지 아슈르단 3세는 각종 재난과 반역, 그리고 고위 귀족들의 득세로 고통을 당하여야 했다. Grayson, "Assyria," 276.

[85] Jean-Jacques Glassner, *Mesopotamian Chronicles* (WAW 19; Atlanta: SBL, 2004), 171. 온라인 버전은 http://oracc.museum.upenn.edu/saao/saas2/pager (2023년 7월 20일 접속)에서 확인할 수 있다.

'남부르비'는 재앙의 전조를 제거하는 제의 혹은 액막이(닥쳐올 액운을 미리 막는 일) 제의라 할 수 있다.[86] 그러나 남부르비 제의는 단순히 재앙을 막는 데 그치지 않고 그것을 비켜 나가게 한다.[87] 남부르비 제의에서 기도는 아주 중요하기 때문에 왕에게 기도하도록 요청한다.

고대 근동에서 불운을 가져다주는 전조는 왕이 신에게 범죄를 저지른 결과라고 생각되었다. 그래서 제의에서 왕이 기도할 수 있도록 격려한다. 예를 들어, 손을 들고 하는 슈일라(šuilla) 기도를 통해 죄로 인한 재앙을 피하려고 했다.[88]

고대 근동에서 왕은 왕국을 다스리는 최고 지도자였을 뿐만 아니라, 국가 자체로 인식되었기 때문에, 왕 개인의 안전과 복지는 국가와 국민의 중요 과제이며 관심사였다. 왕은 신들과 백성 모두에게 그 합법적인 왕으로 인정받아야 했다. 왕위는 하늘과 땅이 만나는 지점으로 여겨졌다. 그렇기에 신들로부터 그 합법성을 인정받은 왕은, 백성을 잘 돌보아야 했다. 신들 앞에서는 다스림을 받는 백성의 대표로, 그리고 백성 앞에서는 신의 통치를 대표하는 자가 되었다.

따라서 왕은 백성의 아버지이자 그들을 인도하는 목자였다.[89] 왕의 이미지에는 목자와 아버지가 포함되었으며, 전자는 국민을 보호

86　Caplice, *Namburbi Texts*, 8.
87　Caplice, *Namburbi Texts*, 9.
88　슈일라 기도에 대해서는 본서 제3장 1.을 참조하라.
89　Lowell K. Handy, *Among the Host of Heaven: The Syro-Palestinian Pantheon as Bureaucracy* (Winona Lake: Eisenbrauns, 1994), 171-172.

하고 통제하는 통치자의 역할을, 후자는 가족 단위의 가장과 정체성이 연결되는 충실한 가족 그룹의 가부장적 이상을 의미했다.

그렇기에 왕의 안전과 복지를 위협하는 요인들은 국가의 중대사로 간주하여, 이를 해소할 방안들이 간구되었다. 왕을 위협하는 주요 요인들은 반란과 전쟁과 같은 정치 외교 군사적 문제들이었다. 그러나 때로는 왕의 건강을 위협하는 질병이나 왕의 생명을 노리는 암살의 시도는 정치 군사적 방법만으로 해결하기 힘들었다.

따라서 이러한 위협들을 해소할 종교적, 제의적 방안들이 요구되었다. 왜냐하면, 고대 근동의 사람들에게 왕의 개인적 불행은, 신의 저주나 심판과 긴밀히 연결되어 있다고 생각했기 때문이다.

대리 왕 제의(substitute king ritual)는 이러한 왕의 개인적 신상의 위협을 제거해 왕 개인뿐만 아니라 국가의 안정을 도모하는 장치였다. 대리 왕 제의는 왕이 어떠한 이유로 위험에 처했을 때, 정해진 기간 동안 대리 왕을 임명하여 왕 노릇을 하게 하고, 그 기간이 지나면 진짜 왕을 대신해 죽게 하여, 왕이 위험을 벗어나게 하는 일종의 마술적 제의였다.

위험을 불러올 악운이나 신들을 속이기 위해 대리 왕이 죽으면 진짜 왕은 아무런 일이 없었던 듯, 통치를 계속할 수 있게 된다.[90]

보테로(J. Bottéro)는 대리 왕의 역할을 다음과 같이 요약했다.

---

90 Simo Parpola, *Letters from Assyrian Scholars to the King Esarhaddon and Assurbanipal* (AOAT 5/2; Kevelaer: Butzon & Bercker, 1983), XXII. (이하 LAS 2로 약칭함.)

> 대리 왕의 직책은 왕궁에서 다스리는 것이 아니라 진짜 왕을 대신에 대중 앞에서 왕처럼 행동하는 것이다. 그래서 왕을 위협하는 불운을 자기에게로 이끌어 그것을 대신 질 수 있는 일종의 피뢰침 역할을 한다.[91]

그래서 일식과 같은 비정상적 자연 활동이 관측되면, 왕궁에서 활동하던 전문 점술사들은 이를 왕의 안전을 위협할 수 있는 전조(前兆)로 해석하여 즉각적으로 왕에게 보고했다. 그리고 왕에게 닥칠 위험 요소를 제거하기 위해, 왕을 대신해 희생당할 대리 왕을 선택했다. 그는 사형수처럼 마땅히 죽어야 할 인물일 수도 있고, 아무런 범죄를 저지르지 않은 일반인일 수도 있다.[92]

대리 왕은 진짜 왕처럼 대관식을 치른 후 왕좌에 앉게 되는데, 이를 통해 진짜 왕과 대리 왕의 자리가 상징적으로 뒤바뀌게 된다. 이런 상징적 대체를 통해 왕에게 닥칠지도 모를 불운이 대리 왕에게 전가될 수 있다고 생각했다.

그리고 왕에게 갑자기 불운한 전조가 임한 것은 우연이 아니라, 왕이 의식적 혹은 무의식적으로 행한 범죄 때문에 신들의 노여움을 샀기 때문이라고 생각했다. 따라서 그들은 신들이 왕에게 벌을 주기 위해 불운한 전조를 보인 것으로 받아들였다.

---

91 J. Bottéro, Mesopotamia: Writings, Reasoning, and the Gods (Chicago: The University of Chicago Press, 1992), 150.
92 Parpola, *LAS* 2, XXIV.

왕은 범죄 때문에 당할 위험을 다른 사람이 받게 함으로써, 자신의 죄를 그에게 전가하고 그를 죽임으로, 자신의 죄를 속죄하여, 신이 부여하는 징벌을 벗어날 수 있었다.[93]

이러한 대리 왕 제의는 어떤 한 종교인이나 종교 집단이 아닌, 다수의 전문 종교인들이 집행했다. 어떤 점술가들은 자연을 관찰하여 불운한 전조를 발견하면 왕에게 보고하기만 하고, 대관식과 정결 예식은 주로 축귀사들(exorcists)이 집행하기도 했다.[94]

앗수르의 한 문서에 따르면, 담키(Damqi)라는 대리 왕이 선택되었는데, 이를 선택한 사람이 한 여예언자(ragintu)라고 기록하고 있다 (SAA 10 352 [ANET 626]).

> 나는 이 제의들이 진행되기 전 한 여예언자의 예언을 들었습니다. 그는 한 고위 성직자의 아들인 담키(Damqi)에게 "당신은 왕위를 이어받을 것입니다"라고 하였습니다. 그 예언자는 또한 백성들의 모임에서도 그에게 "나는 나의 주의 재빠른 족제비를 보여 주고 그것을 당신의 손에 두었습니다"라고 하였습니다. 이 재앙을 물리치는 제의는 잘 치러졌습니다. 나의 주, 왕은 기뻐하실 것입니다.

---

93 Parpola, *LAS* 2, XXIV.
94 메소포타미아의 전문 신탁에 대해서는 Wilson, 『고대 이스라엘의 예언과 사회』, 116-25와 노세영, 박종수, 『고대 근동의 역사와 종교』, 151-74를 참조하라.

이 편지는 신들이 여예언자를 통해 대리 왕을 선택했음을 지적한다. 그는 신탁에 따라 대리 왕을 지명했다. 이 여예언자처럼 요나도 앗수르 왕을 위기에서 벗어나게 하려고 다양한 제의에 협력했을 가능성이 있다. 특히, 요나가 예언을 선포한 후, 왕의 행동에서 대리 왕 제의의 요소를 발견할 수 있다.

요나 3장 6절에 사용된 동사 '아바르'(販)의 히필 형태는 대리 왕 제의 절차의 일부로 간주할 수 있다. 이 동사는 단순히 왕의 옷을 벗는 행위가 아니라 왕의 옷을 다른 사람에게 건네주는 행위를 암시한다. 왕복을 다른 사람에게 벗어 줌으로써, 왕위를 이양했음을 상징적으로 보여 준다.

왕이 이처럼 대리 왕 제의를 시행하는 이유는, 개기일식이 왕의 암살이나 왕권의 교체와 같은 불행을 가져오는 불운한 징조로 여겨졌기 때문이다.

요나는 하나님의 명령에 따라 심판을 선포했다. 하지만, 니느웨 백성은 요나의 예언을 통해 얼마 전에 발생한 개기일식이 가져올 불행을 예고하는 경고로 이해했다. 그 결과, 요나의 예언은 표면적으로는 심판 예언이지만 간접적으로 니느웨와 니느웨 왕을 구원하는 구원 신탁의 기능을 하게 되었다.

당시 앗수르는 이스라엘을 괴롭혔던 아람을 침공하여, 간접적으로 이스라엘이 아람에 대항할 수 있도록 도왔다. 그래서 앗수르의 멸망은 곧바로 이스라엘의 위기가 될 수 있었다.

이러한 점에서, 요나의 사명은 니느웨에게 심판을 경고하여, 그 세력이 약화하거나 멸망되는 것을 막아 이스라엘의 구원자로서 역할을 지속하게 하는 것이다. 이 과정에서 요나는 앗수르의 전문 신탁가인 '바루'(*bārû*)처럼 가까운 미래에 닥칠 불행을 회피하도록 돕는 신탁가의 역할을 하고 있다.[95]

---

[95] 앗수르의 제의 문서에는 대리 왕에게 입힐 왕복을 준비하는 여예언자가 등장한다(SAA 10 352). 이 예언자가 대리 왕 제의에서 구체적으로 어떤 일은 했는지는 알 수 없으나, 예언자도 다른 전문 점술 신탁가처럼 대리 왕 제의에 참여했음을 알 수 있다. John Gray, "Royal Substitution in the Ancient Near East," *PEQ* 87(1955), 180-82.

제5장

결론

요나서의 전반적인 구조는 요나와 하나님과의 대립 관계를 보여준다. 요나서 서두의 하나님 말씀 임재 문구(1:1-2)를 제외하면, 요나서 1장과 2장은 하나님과 요나 사이에 직접적인 대화 없이, 요나가 도망하는 행동(1:3)으로 이야기가 전개된다.

요나는 하나님의 부르심을 받은 예언자이지만, '일어나'(קוּם/쿰), '가서'(לֵךְ/레크), '외치라'(קְרָא/케라)는 하나님의 명령(1:2)을 그의 얼굴을 피해 도망가는 데 사용한다.

그는 단순히 하나님의 명령을 불순종하는 데 그치지 않는다. 바다에 폭풍이 일었을 때, 선원들에게 "나를 들어 바다에 던지라"(1:12)라고 말하며 스스로 죽음을 선택하려 했다. 또한, 니느웨의 멸망을 기다리며, "사는 것보다 죽는 것이 나으니이다"(4:3)라고 말함으로, 죽음을 불사한 완고한 고집을 부린다.

이러한 요나의 편협성과 완고함은 다른 예언자에게서는 찾아보기 힘들다. 왜냐하면, 이방 신탁을 선포하는 예언자들도 이방이 회복되고 구원될 미래를 선포하기 때문이다.

요나의 이러한 편협성과 완고함은 늘 독자들의 주목을 받아 왔다. 왜냐하면, 하나님의 말씀을 대언하는 예언자의 모습으로 극히 비정상적이기 때문이다.

요나가 이처럼 편협하고 폐쇄적인 이유는 무엇일까?

무엇보다도 이스라엘 민족만이 하나님의 선택을 받았다는 선민사상에서 비롯되었을 것이다(신 10:15; 사 43:10). 선민사상은 하나님의 선택을 받았다는 자부심을 심어 주었을 것이다. 하지만, 자부심이 자만심으로 변질하고, 선민사상이 고립주의로 왜곡되면, 다른 민족을 차별하고 자신을 차폐하는 폐쇄주의로 변질하기 쉽다. 요나서는 이러한 선민 의식의 폐해를 잘 보여 준다.

요나서에 기술된 요나의 모습은 이기적 신앙의 절정을 보여 준다. 하지만, 하나님은 누구든 곤경에 처한 자들에게 관심이 많으시다. 하나님은 애굽에서 고통받던 이스라엘을 발견(출 3:7)하시고 그들을 구원하셨다.

애굽의 노예로 곤경에 처한 히브리인들 모두가 아브라함의 자손은 아니다. 그들의 분포는 다양하다. 그들 가운데는 아브라함의 후손들도 있지만, 애굽인이나 기타 이웃 나라의 백성도 포함되어 있다. 그들 가운데는 아브라함의 하나님을 섬기는 사람들도 있었지만, 다른 신을 섬기는 사람들도 있었다. 또한, 그들 가운데는 애굽인 같은 피부색의 사람들뿐만 아니라, 백인과 다른 아시아 계통의 피부색을 가진 사람들도 있었다.

그러나 하나님은 그들을 종교나 민족 혹은 혈통으로 구분하지 않으셨다. 하나님께서는 그들을 하나도 외면하지 않으시고 그들이 고통당할 때 구원자로서 애굽과 바로의 손에서 모두를 구원하셨다. 이제 모세를 통해 야웨의 이름으로 다가온 구원자께서는 모두의 하나님이 되신다.

그러나 야웨의 이름으로 시작된 출애굽 신학은 종종 선택의 신학이라는 편협한 종교로 퇴색하는 경향이 있다. 그 결과, 율법은 철저한 배타주의(출 12:43-50)와 이기적 신앙을 낳는 교조주의로 퇴락하여 요나와 같은 인물을 낳게 한다.

죽음조차도 이길 수 없는 요나의 편협함은 유대 민족을 표상한다. 유대 민족은 하나님의 선택을 은혜로 여기지 않고 특권으로 여겼고, 하나님과의 언약을 이웃 나라를 멸시하는 데 악용했다. 요나서가 예언서로 쓰인 이유가 여기에 있다. 이스라엘 민족이 잘못된 길로 향하고 있을 때, 하나님은 예언자를 통해 말씀하신다.

요나서는 니느웨에 선포한 요나의 짧은 문장의 선포(욘 3:4)가 요나 자신과 이스라엘에 말씀하시는 하나님의 선포임을 암시한다. 이스라엘의 하나님 야웨만을 고집하며, 이스라엘만이 유일하게 선택받은 존재로 여겼던 시각에서, 엘로힘 하나님을 통해 니느웨가 구원되는 모습을 보게 하여, 모든 인류가 구원받는 하나님의 구원 의지를 목격하게 한다.

출애굽을 통해 보여 주신 하나님의 관심은 이제 니느웨의 곤경(רעה/라아)을 목격하게 한다(욘 1:2). 하나님은 니느웨 백성에게도 구원의 손길로 나타나신다. 이스라엘의 곤경에 외면하지 않으신 하나님께서, 이번에는 니느웨의 곤경에 구원자로서 임하신다.

요나와 이스라엘은, 자신들만의 하나님이신 야웨가 다른 민족을 구원하시는 행위를 받아들이지 못했다. 요나는 "너희가 애굽 땅에서 거류민이 되었었느니라"라는 말씀을 기억하고 이웃을 사랑(레 19:34)하라고 가르치신 야웨의 율법을 잊고 있었다.

그래서 요나서에서 요나의 시각이나 요나의 주장에만 초점을 맞추어서는 안 된다. 출애굽 사건처럼, 만민을 구원하시고자 하는 하나님의 보편적 사랑과 요나의 편협성을 구분하여 요나서를 읽어야 한다.

특히, 하나님의 보편주의가 요나서에 어떻게 표현되어 있고, 니느웨로 표상된 이방 민족을 향해 하나님께서 어떤 방식으로 자신을 계시하시는지를 살펴볼 필요가 있다.

요나서에 드러난 하나님의 보편주의는 창조신학적 용어나 사상을 통해 드러난다. 요나서에는 창조신학적 용어를 흔히 찾아볼 수 있다. 이는 요나서 저자가 보편적 하나님을 강조하기 위한 흔적으로 이해할 수 있다.

특히, '큰 물고기', '큰 폭풍'과 같이 '크다'라는 형용사를 사용한 이유도 창조적 하나님의 전능하심을 강조하기 위한 것이다. '스올 베텐'(스올의 뱃속, 2:2)은 인간이 살아 있는 동안에는 도저히 근접할 수 없는 제한된 영역이지만, 하나님의 권능은 거기에서도 발휘된다.

깊음이 에워싸고 바다풀이 머리를 감싸고 산의 뿌리까지 내려가 땅이 빗장으로 막고 있지만(2:5-6), 하나님께서는 그곳에서도 요나를 구원하신다. 이는 요나의 구원 사건을 통해 하나님의 창조 사역이 땅 위뿐만 아니라 돌아올 수 없는 땅 스올 베텐에서도 진행되고 있음을 보여 준다.

창조신학을 논하는 이유는 하나님이 세상을 창조하신 의중을 알려는 것이다. 하나님은 세상의 모든 만물에게 구원을 베풀기 위해 세상을 창조하셨다.

> 모든 사람이 구원을 받으며 진리를 아는 데 이르기를 원하시느니라(딤전 2:4).

하나님의 창조는 곧 하나님이 친히 행하시는 일이다. 구원을 베풀기 위한 창조는 시간을 초월하고, 모든 존재의 구원을 의미한다. 이 구원 행위는 지금도 계속되고 있으며, 앞으로도 영원히 계속된다. 이는 모든 피조물의 구원을 이루시기 위함이며, 나아가 하나님의 존재 이유이기도 하다. 창조신학의 관점은 하나님이 모든 만물을 아끼신다는 전제에서 시작한다.

구약에서 족장 이야기들이 지니는 하나님에 대한 본래 기본적인 용어는 '엘로힘'이다. 하나님에 대한 일반적 이름인 '엘로힘'은 족장 이야기들이 대체로 지닌 열려 있고, 포용적인 특징과도 일치한다.[1] '엘로힘'과 '엘 샤다이'는 같은 명칭은 아니지만, 두 명칭은 하나님의 다른 속성을 표현한다. 두 이름 모두 '엘'이라는 보편적인 신명을 공유하며[2], 이와 같은 하나님의 속성은 여러 곳에서 찾아볼 수 있다.[3]

창조주 하나님은 '엘'로 불리며, '엘'은 모두의 신성으로 공유하기에 전지전능을 강조한다. 오랫동안 하나님을 '엘'로 부르며, 하나님의 전지전능하심을 경험했다. '엘' 신명은 야웨 신명이 이스라엘의 신명으로 정착되기 전까지, 이스라엘을 포함한 모든 민족의 하나님으로 불려진 보편적 신명이었다.

따라서 요나서에 등장하는, 야웨 신명을 이스라엘의 신명으로만 이해할 것이 아니라 '엘' 혹은 '엘로힘' 신명의 다른 이름으로 이해할 필요가 있다. 왜냐하면, 선원들이 야웨 하나님을 부를 때, 이스라엘의 야웨가 아니라 자신들이 인식하고 있는 신들의 하나로 불렀기 때문이다.

---

1   J. W. 로저슨, R. W. L. 모벌리, 『창세기 연구 입문』, 200-201.
2   버나드 W. 앤더슨, 『구약성서 이해』, 66.
3   '엘 엘욘'(אל עליון, 창 14:18, 19, 20, 22), '엘 엘로헤 이스라엘'(אל אלהי ישראל, 창 33:20), '엘 로이'(אל ראי, 창 16:13), '엘 올람'(אל עולם, 창 33:21), '엘 벧엘'(אל בית אל, 창 31:13; 35:7), '엘 카나'(אל קנא, 출 20:5; 34:14; 신 4:24; 5:9; 6:15; cf. 수 24:19).

하나님의 보편적 긍휼이 모두에게 적용된다는 사실이 요나와 이스라엘에 불편한 현실이겠지만, 니느웨 백성과 이방 민족에게는 하나님이 아끼는 대상(욘 4:11)으로서 당연히 주어지는 권리로 나타난다.

요나서 1장에서 선원들과 선장이 보여 준 신앙은, 보편적인 사람들에게서 찾아볼 수 있는 아주 일반적인 모습이다. 죽음의 고비에 당면했을 때, 그 누가 당황하지 않겠는가.

오히려 선장의 모습은 모두가 본받을 만한 모습이다. 선원들과 선장은 끝까지 포기하지 않고 최선을 다한다. 배가 침몰하지 않도록 무거운 짐을 바다에 던지고, 모든 조치를 다 취하고 난 후에는 모든 운명을 신에게 맡긴다. 이들은 포기하거나 주저하지 않았다. 요나와는 대조적인 모습을 보여 준다. 이들과 달리 요나는 배 밑층에서 깊은 잠에 빠져 있었다.

또한, 니느웨 백성도 의외의 반응을 보여 준다. 요나는 니느웨성에 들어가서 하루 동안 다니며, "사십 일이 지나면 니느웨성이 무너진다"라고만 외쳤을 뿐이다. 그런데도 니느웨 백성과 왕의 반응은 즉각적인 돌이킴으로 재앙에서 벗어나기 위해 최선의 조치를 취한다. 두 부류 모두가 하나님의 긍휼을 입는다.

이들에겐 요나나 이스라엘 민족과 같이 야웨 하나님을 향한 신앙이 없었다. 하지만, 그들은 자신들의 안타까운 처지를 자신들이 믿는 신(들)께 온전히 의탁한다. 인간의 힘으로는 더 이상 어찌할 수 없는 상황을 모면하기 위해 기도하며, 최선을 다한다.

하나님은 그들의 그러한 모습을 통해 자신의 모습을 계시하셨다. 그들은 곤경에서 벗어난 후, 진실한 하나님을 고백하게 된다. 신의 권능을 직접 체험한 인간은, 그 신의 영역에서 도저히 벗어나려는 생각을 갖지 못한다. 요나서 1장에 나오는 선원들과 선장도, 큰 폭풍을 잔잔하게 하시는 하나님의 권능을 체험한 후, 더욱 큰 두려움(1:16)에 휩싸여 제물을 드리고 서원한다. 이는 인간이 하나님에게 보여야 할 당연한 모습이다.

이러한 보편적 신앙 자세는 니느웨 백성과 왕에게도 찾아볼 수 있다. 그리고 이러한 모습은 시대를 불문하고 찾아볼 수 있는 모습이다. 신약에서도 사도 바울은 아덴 사람들에게 다음과 같이 말하며 칭찬한다.

> 너희를 보니 범사에 종교심이 많도다(행 17:22).

이는 인간으로서 창조주에게 향하는 당연한 모습이다.

요나서에 등장하는 요나는 편협한 민족주의자로 평가될 수 있다. 하지만, 요나서에서 활동하시는 하나님은 보편주의적 하나님(universal God)이시다. 하나님의 보편적 사랑은 인간계뿐만 아니라 자연계까지 영향을 미친다. 하나님은 사람만 구원하시는 것이 아니라, 니느웨의 가축들까지도 구원하신다.

하나님의 창조적 권능은 자연계와 인간계뿐만 아니라 '스올의 뱃속' 같은 죽음의 세계에도 미치고 있다. 하나님은 바람과 바다를 잔잔하게 하여 배와 선원을 구원하실 뿐만 아니라, 패악과 곤경으로 멸망해 가는 니느웨를 구원하시기도 한다. 하나님은 예루살렘의 성전에서만 자신을 계시하지 않으신다. 때로는 폭풍과 파도와 같은 자연현상을 통해 계시하시고 우연처럼 여겨질 수 있는 제비 신탁을 통해서도 계시하신다.

또한, 요나의 예언을 통해 사람들이 불운을 예고하는 징조로 여기게 하여, 그들이 미구에 닥칠 위기에서 벗어나게 하신다. 그들은 이러한 일을 하신 분이 누구인지 모를 수 있다. 그러나 하나님은 그들의 무지를 게의치 않으신다. 좌우를 분변하지 못하는 십이만여 명과 수많은 가축이 죽는 것보다, 무명의 하나님으로 계시하시기를 원하셨다.

하나님은 요나에게, 바다에서 구원받은 선원들이나 무너짐을 면한 니느웨 백성에게, 하나님께 감사의 제사를 드리거나 성전을 지어 하나님을 찬양하게 하거나 율법을 선포해 하나님의 백성으로 삼으라고 말씀하지 않으셨다. 그들에게 베푼 하나님의 구원은 조건이 없다. 이스라엘 백성이건 니느웨 백성이건 하나님의 구원은 차별이 없다. 단지, 하나님을 알아가는 방식과 구원의 방식의 차이가 있을 뿐이다.

요나서는 지금까지 열방을 향한 하나님의 구원을 선포하는 선교의 책으로 취급되어 왔다. 하지만, 본서는 그와 반대되는 방향으로 기술되었다. 사실 요나서는 이스라엘의 측면에서 볼 때, 그다지 환영받지 못하는 예언서일 수 있다. 이스라엘의 관점에서 앗수르는 자신들을 오랜 기간 잔인하게 괴롭힌 용서할 수 없는 적대적인 관계이다. 그렇기에 앗수르의 구원은 도무지 이해가 되지 않는, 탐탁지 않은 사건이다.

요나서를 선교적 해석으로 살펴볼 수도 있지만, 요나의 언행에서는 도무지 선교의 모습을 찾아볼 수 없다. 요나는 이방인과의 관계를 철저히 차단한 이스라엘의 모습을 생각나게 한다(출 12:43-50; 민 23:2-9). 그들의 배타주의 신학은 그 누구와도 공존할 수 없는 자신들만의 구원신학으로 완고하게 자리 잡았다.

요나서에 나타난 하나님의 뜻은, 예언자 요나를 포함한 이스라엘의 뜻과 상반된다. 요나서의 특징은, 특별한 대접을 원하는 요나와 보편적 긍휼을 강조하시는 하나님의 대립 관계이다. 요나는 평범한 긍휼보다는 특별한 대접을 원한다.

사실, 요나는 물고기를 통해 특별한 은총을 받는다. 스올의 깊은 죽음의 문턱에서 하나님의 은총을 받게 되지만, 이 또한 요나에게는 특별하지 않다. 그의 특별함은 "사는 것보다 죽는 것이 낫다"고 하나님께 대적하는 지경까지 이른다. 그만큼 요나와 이스라엘 민족은 자신들이 특별하다고 믿었다.

하나님께서는 자신의 호칭에 대해 크게 의식하지 않으신다. 그 이유는, 그들이 그분을 모르기 때문이다. "좌우를 분변하지 못하는 자가 십이만여 명"(욘 4:11)은 자기들을 보살피는 이가 누군지 모르는 사람들이다. 그러나 꽃이 태양을 향해 얼굴을 돌린다고 어거스틴이 말했듯, 인간도 본능적으로 얼굴을 하나님께로 향하게 된다. 이는 하나님께서 피조물들이 자신에게 향하도록 설정해 놓으셨기 때문이다.

아마도 인간은 하나님에 대해 알면 알수록, 하나님의 이름을 거론하기조차 힘들 것이다. 왜냐하면, 하나님의 위대함은 인간의 상상을 초월하기 때문이다. 우리는 하나님을 부분적으로만 이해하고 있다. 하나님이 중요하게 여기시는 것은, 호칭보다는 하나님의 신성에 인간들이 얼마나 관심을 가지고 사는 가이다.

그런데도 하나님의 호칭에 관심을 가진다면, 가장 좋은 대표적인 신명은 '엘'일 것이다. '엘'의 신명에는 하나님의 본성이 잘 나타난다. 이름 자체에서 모든 피조물의 관심을 끈다. 이유는 그가 자신들의 주인이시며, 창조주이시기 때문이다. 그와 같은 친근함과 함께, 그분은 전지전능하시다. 정말로 믿고 따를 만한 신이다.

신은 전지전능해야 한다. 그것이 신으로 불릴 조건이기도 하다. 그리고 전지전능을 갖춘 신은 '엘', 곧 하나님 한 분뿐이다. 이것이 진리다. 누구나 불가능하다고 여기는 문제에 봉착할 때, 다른 존재를 불러 봐도 아무 소용이 없을 때, 우리는 진짜 신, '엘'을 부른다.

요나서에 등장하는 선원들이 죽을 수밖에 없던 상황에서, 그들은 '엘'을 불렀다. 니느웨 백성과 왕이 자신들의 죄에서 돌이킬 때 '엘'께 부르짖었다. 이때 그들에게 나타나신 하나님은 '엘'이셨다. 이때 하나님은 아버지로서 그들에게 다가가셨다.

'엘'은 수없이 많은 인류의 조상들이 삶의 체험에서 정의해 온 신명이기에, 후손들은 이를 함부로 취급할 수 없다. 인류의 역사를 바탕으로 정의된 하나님의 이름은 다양할 수 있을지라도, 모든 피조물을 사랑하시는 하나님의 신성은 영원토록 변함이 없으시다.

사람이 하나님의 의도대로 살아가지 못한다면, 그의 삶은 헛된 것이 되고, 아무것도 아니다. 더 나아가, 요나와 같이 편협함으로 살아간다면, 오히려 존재하지 않는 것이 더 나을 수도 있다.

우리에겐 선택권이 항상 주어진다.

하나님께서 우리에게 바라시는 의도가 하나님 자신처럼 은혜와 사랑, 그리고 아끼는 마음으로 모든 만물을 대하는 삶이라면, 종교의 규례나 원칙들은 없어도 상관없을 것이다.

그것들이 있는 이유는 하나님과 같이 되기 위함이요,
하나님의 선하심을 행하기 위함이다.
하나님은 요나서를 통해 가장 보편적인 진리를 말씀하고 계신다.

그것은 곧,
"나는 내가 창조한 모든 것을 아끼고 사랑한다."
그러므로
너희도 서로 아끼고 사랑하라(요 13:34).

참고 문헌

1. 국내 서적

강사문. 『구약의 하나님』. 서울: 한국성서학연구소, 1999.

강사문 외 3인. 『구약성서 개론』. 서울: 한국장로교출판사, 2000.

강성열. 『고대 근동 세계와 이스라엘 종교』. 서울: 한들출판사, 1992.

박종수. 『이스라엘 종교와 제사장 신탁: 제비뽑기의 신비』. 서울: 한들출판사, 1997.

박철우. 『구약성서의 구조와 신학』. 서울: 한국신학연구소, 1996.

엄원식. 『히브리 성서와 고대 근동 문학의 비교 연구』. 서울: 한들출판사, 2000.

윤동녕. 『과거의 미래: 고대 근동 종교 전문가들의 종교적 지식과 미래학』. 서울: 드림북, 2021.

정중호. 『열왕기하』. 서울: 대한기독교서회, 1995.

최종진. 『구약성서 개론』. 서울: 소망사, 1986.

2. 국외 서적

Achtemeier, Elizabeth. *Minor Prophets I*. New International Biblical Commentary. Peabody, MA: Hendrickson, 2005.

Allen, Leslie C. *The Books of Joel, Obadiah, Jonah and Micah*. Michigan, MN: Eerdmans, 1976.

Bolin, Thomas M. *Freedom beyond Forgiveness: The Book of Jonah Re-Examined*. JSOT Sup 236. Sheffield: Sheffield Academic Press, 1997.

Budd, Philip J. *Numbers*. WBC 5. Waco: Word, 1984.

Butler, S. A. L. *Mesopotamian Conceptions of Dreams and Dream Rituals*. AOAT 258. Münster: Ugarit-Verlag, 1998.

Classner, Jean-Jacques. *Mesopotamian Chronicles*. WAW 19. Atlanta: SBL, 2004.

Caplice, Richard I. *The Akkadian Namburbi Texts: An Introduction*. Los Angeles: Undena Publications, 1974.

Casson, Lionel. *Travel in the Ancient World*. London: George Allen & Unwin, 1974.

Cross, F. M. *Canaanite myth and Hebrew Epic*. Cambridge: Harvard Univ. Press, 1973.

Day, J. *God's Conflict with the Dragon and the Sea*. London: Cambridge, 1985.

Gnuse, Robert Karl. *The Dream Theophany of Samuel: Its Structure in Relation to Ancient Near Eastern Dreams and Its Theological Significance*. Lanham, MD: University Press of America, 1984.

Handy, Lowell K. *Among the Host of Heaven: The Syro-Palestinian Pantheon as Bureaucracy*. Winona Lake: Eisenbrauns, 1994.

Johnston, Philip S. *Shades of Sheol: Death and Afterlife in the Old Testament*. Downers Grove: IVP, 2002.

Jones, Gwilym H. *1 and 2 Kings, Volume II 1 Kings 17:1-2 Kings 25:30*. Grand Rapids: Eerdmans, 1984.

Kataja, L. and R. Whiting, *Grants, Decrees and Gifts of the Neo-Assyrian Period*. SAA 12. Helsinki: Helsinki University Press, 1995.

Limburg, James. *Jonah: A Commentary*. Old Testament Library. Louisville, KY: Westminster/John Knox Press, 1993.

Luther, Martin, and Hilton C. Oswald, *Lectures on the Minor Prophets*. Saint Louis: Concordia, 1973.

Merrill, Eugene H. *Kingdom of Priests: A History of Old Testament Israel*. Grand Rapids: Zondervan, 1987.

Mowinckel, S. *The Psalms in Israel's Worship*. New York: Abingdon Press, 1962.

Parpola, Simo. *Letters from Assyrian Scholars to the King Esarhaddon and Assurbanipal*. AOAT 5/2. Kevelaer: Butzon & Bercker, 1983.

Parrot, A. *Nineveh and the Old Testament*. London: SCM. 1955.

Rad, Gerhard Von. *Old Testament Theology*, I. New York: Harper & Row, 1966.

Reed, Charles M. *Maritime Traders in the Ancient Greek World*. New York: Cambridge University Press, 2004.

Rowton, M. B. *The Cambridge Ancient History, 1.1*. Cambridge: Cambridge University Press, 1970.

Sasson, Jack M. *Jonah: A New Translation with Introduction, Commentary, and Interpretation*. AB 24B. New York: Doubleday, 1990.

Schmidt, W. *Königtum Gottes in Ugarit und Israel: Zur Herkunft der Königsprädikation Jahwes*. (BZAW 80. Berlin: Verlag Alfred Töpelmann, 1966.

Smith, Mark. *The Ugaritic Cycle. Volume 1*. Leiden: Brill, 1994.

Sherwood, Yvonne. *A Biblical Text and Its Afterlives: The Survival of Jonah in Western Culture*. Cambridge, U.K.: Cambridge University Press, 2000.

Sweeney, Marvin A. *The Twelve Prophets. Volume One. Hosea, Joel, Amos, Obadiah, Jonah*. Berit Olam. Studies in Hebrew Narrative & Poetry. Collegeville, MN: The Liturgical Press, 2000.

Thompson, R. C. and R. W. Hutchinson, *A Century of Exploration at Nineveh*. London: Lusack & Co., 1929.

Veldhuis, Niek. *Religion, Literature, and Scholarship: The Sumerian Composition Nanše and the Birds, with a Catalogue of Sumerian Bird Names*. eiden: Brill Styx, 2004.

Westermann, Claus. *Basic Forms of Prophetic Speech*. London: Lutterworth, 1967.

Wiseman, Donald J. *1 and 2 Kings. An Introduction and Commentary*. Downers Grove: IVP Academic, 1993.

Wolff, Hans Walter. *Obadiah and Jonah: A Commentary*. Trans. by Margaret Kohl. Minneapolis, MN: Augsburg Publishing House, 1986.

Zvi, Ehud Ben. *Signs of Jonah: Reading and Rereading in Ancient Yehud*. JSOT Sup 367. Sheffield: Sheffield Academic Press, 2003.

3. 번역 서적

Anderson, Bernhard W. *Understanding the Old Testament*. 『구약성서 이해』. 강성열, 노항규 옮김. 경기: CH북스, 1994.

Blenkinsopp, Joseph. *A History of Prophecy in Israel*. 『이스라엘 예언사』. 황승

일 옮김. 서울: 은성출판사, 1992.

Chavalas, Mark W. John H. Walton and Victor H. Matthews. *The IVP Bible Background Commentary*. 『IVP 성경 배경 주석』. 신재구 외 5인 옮김. 서울: IVP, 2001.

Dillard, Raymond B. and Tremper Longman Ⅲ. *An Introduction to the Old Testament*. 『최신 구약 개론(제2판)』. 박철현 옮김. 고양시: 크리스챤다이제스트, 2009.

Grabbe, Lester L. *What Do We Know and How Do We Know It?* 『고대 이스라엘 역사 (-B.C. 2,000년경~B.C. 539년-)』. 김성천, 류광현 옮김. 서울: CLC, 2012.

Gutierrez, Gustavo. *A Theology of Liberation*. 『해방신학』. 김영희 옮김. 경북: 분도출판사, 1987.

Hubbard, David, Allan Bush, and Fredric William. *Old Testament*. 『구약 개관』. 박철현 옮김. 서울: 크리스챤다이제스트, 2008.

Kaiser, Walter C. Jr. *Mission in the Old Testament : Israel as a light to the nations*. 『구약성경과 선교』. 임윤택 옮김. 서울: CLC, 2013.

Limburg, James. *Hosea-Micah*. 『호세아-미가』. 강성열 옮김. 서울: 한국장로교출판사, 2004.

Marc Van De Mieroop. *A History of the Ancient Near East*. 『고대 근동 역사 - BC 3,000년경~323년-』. 김구원 옮김. 서울: CLC, 2018.

Merrill, Eugene H. Rooker, Mark F. Grisanti, Michael. *Old Testament*. 『현대인을 위한 구약 개론』. 유창걸 옮김. 서울: CLC, 2016.

Mettinger, Tryggve N. D. *In Search of God*. 『하나님의 이름들』. 안종철 옮김. 서울: 쿰란출판사, 2006.

Motyer, J. A. and D. A. Carson, *New Bible Commentary*. 『IVP 성경 주석』. 김

재영, 황영철 옮김. 서울: IVP, 2006.

Rad, G. Von. *Theologie des Alten Testaments*. 『구약성서 신학』. 허혁 옮김. 경북: 분도출판사, 1982.

Rainer, Albertz. *Religionsgeschichte Israels in alttestamentlicher Zeit 1*, 『이스라엘 종교사 1』. 강성열 옮김. 고양: 크리스챤다이제스트, 2003.

Rhodes, Arnold B. *The Mighty acts of God*. 『통독을 위한 성서해설』. 문희석, 황성규 옮김. 서울: 대한기독교출판사, 1984.

Rogerson, J. W. and R. W. L. Moberly, *T&T Clark Old Testament Guides 'Genesis'*. 『창세기 연구 입문』. 민경진 옮김. 서울: CLC, 2005.

Shanks, Hershel. *Ancient Israel : From Abraham to the Roman Destruction of the Temple*. 『고대 이스라엘』. 김유기 옮김. 서울: 한국신학연구소, 2005.

Stuart, Douglas. *Word Biblical Commentary: Hosea-Jonah*. 『호세아-요나: WBC 성경 주석』. 김병하 옮김. 서울: 솔로몬, 2011.

Trible, Phyllis. *Rhetorical Criticism: Context, Method, and the Book of Jonah*. Minneapolis, MN: Augsburg Fortress, 1994. 『수사비평. 역사, 방법론. 요나서』. 유연희 옮김. 서울: 한국기독교연구소, 2004.

Weiser, A. and Karl Elliger. *Das Buch der zwölf kleinen Propheten*. 『소예언서: 국제 성서 주석』. 한국신학연구소 옮김. 서울: 한국신학연구소, 1999.

Wilson, Robert R. *Prophecy and Society in Ancient Israel*. Philadelphia: Fortress, 1980. 『고대 이스라엘의 예언과 사회』. 최종진 옮김. 서울: 예찬사, 1991.

Wolff, Hans Walter. *Jonah the Messenger*. 『宣敎者 요나: 요나서 연구』. 문희석 편역. 서울: 대한기독교출판사, 1978.

Zimmerli, Walther. *Grundriss der alttestamentlichen Theologie*. 『구약신학』. 김

정준 옮김. 서울: 한국신학연구소, 1989.

4. 논문

강철구. "심판 선언 양식을 통해 본 니느웨에 대한 요나의 숨은 의도."「구약논단」73(2019), 130-157.

기민석. "평화 기제로서의 희생과 제비뽑기: 사사기 19-21장과 요나서 1장을 중심으로."「복음과 실천」65(2020), 7-31.

김남일. "요나서와 '하나님의 선교'(Mission of God)에 관한 연구."「갱신과 부흥」28(2021), 7-32.

박경식. "요나 4장 10-11절의 열린 결말에 대한 내러티브비평 연구."「구약논단」83(2022), 92-123.

박지온. "요나서에 나타난 온 생명체를 향한 야웨의 공의와 사랑."「신학 연구」82(2023), 195-220.

배재욱. "요나서에 나타난 선교에 대한 고찰."「신학과 목회」43(2015), 9-34.

유요한. "종교학의 비교 방법론: 공동 작업에 근거한 비교 철학 연구를 위한 제언."「종교와 문화」제14권(2008), 147-175.

_____. "새로운 비교 종교 방법론의 발전 가능성과 그 방향: 조나단 스미스의 '같은 지점'의 확인을 통해."「종교와 문화」제13권(2007), 89-115.

윤동녕. "요나 예언에 나타난 고대 근동 예언적 요소들."「구약논단」제29권(2023), 145-181.

_____. "나훔서에 등장하는 구원 신탁 요소들."「구약논단」제46권(2012), 151-176.

_____. "요나서 1장에 나타난 선원들을 향한 하나님의 선교: 고대 근동 종교와 문화의 관점으로 본 요나서,"「선교와 신학」45(2018), 177-203.

_____. "대리 왕 제의의 관점으로 본 다윗 왕의 위기 극복 과정."「구약논단」제57권(2015), 126-155.

_____. "고대 근동과 이스라엘의 예언에 나타난 왕과 예언자의 관계 연구: 신앗시리아의 예언과 나단의 예언(삼하 7:4-17)을 중심으로."「장신논단」제44권(2012), 27-56.

_____. "제왕 신탁가로서의 훌다의 역할과 기능."「구약논단」제85권(2022), 186-216.

이사야. "예언서에 나타나는 선교 사상: 선교적 눈으로 요나서 읽기."「대학과 선교」30(2016), 43-71.

홍혜경. "신화적 관점으로 본 요나의 삶과 현대적 적용: 요나서의 분석 심리학적 접근을 중심으로"「연세 상담 코칭 연구」3(2015), 355-374.

Astour, Michael C. "Ashteroth-Karnaim (Place)." *ABD* 1, 491.

Baldwin, Joyce. "Jonah," Thomas E. McComiskey, Ed. *The Minor Prophets*. Grand Rapids, MI, Baker Academic, 2009, 543-549.

Clines, David J. A. "The Ubiquitous Language of Violence in the Hebrew Bible," Jacques van Ruiten and K. van Bekkum (eds.), *Violence in the Hebrew Bible: Between Text and Reception* (Leiden: Brill, 2020), 23-41.

de Boer, P. A. H. "The Counsellor" M. Noth and D. W. Thomas. *Wisdom in Israel and the Ancient Near East Presented to Harold Henry Rowley*. VTS 3. Leiden: Brill, 1969, 42-71.

Edelman, Diana V. "Lo-Debar (Place)", *ABD* 4, 345-346.

Ferguson, Paul. "Who Was the 'King of Nineveh' in Jonah 3:6?" *TynB* 47

(1996), 301-314.

Forti, Tova. "Of Ships and Seas, and Fish and Beasts: Viewing the Concept of Universal Providence in the Book of Jonah through the Prism of Psalms," *JSOT* 35 (2011), 359-374.

Grayson, A. K. "Assyria: Ashur-dan II to Ashur-Nirrari V (934-745 B.C.)," John Boardman et al. (eds.), *The Cambridge Ancient History. Volume 3 Part 1: The Prehistory of the Balkans; and the Middle East and the Aegean World, Tenth to Eighth Century B.C.* (Cambridge: Cambridge University Press, 1982), 238-281.

Hallo, W. W. "From Qarqar to Charchemish." In D. N. Freedman and E. F. Campbell, Ed. *Biblical Archaeologist Reader 2*. New York: Doubleday, 1964, 33-61.

Handy, Lowell K. "Of Captains and Kings: A Preliminary Socio-Historical Approach to Jonah." *BR* 49 (2004), 31-48.

Hayes, John H. "The Usage of Oracles against Foreign Nations in Ancient Israel." *JBL* 87 (1968), 81-92.

Hermann Michael Niemann, "A New Look at the Samaria Ostraca: The King-Clan Relationship", *Tel Aviv* 35 (2008), 249-266.

Huffmon, Herbert B. "Prophecy (ANE)," *ABD* 5, 477-482.

Labat, R. "Le sort des substituts royaux en Assyrie au temps des Sargonides," *RA* 40 (1945-46), 123-142.

Landes, G. M., "Jonah: A Māšāl?", J. G. Gammie et al. Ed. *Israelite Wisdom: Theological and Literary Essays in Honor of Samuel Terrien*. Missoula, MT: Scholars Press for Union Theological Seminary, 1978, 137-158.

Lessing, Reed. "Dying to Live: God's Judgment of Jonah, Jesus, and the Baptized." *Concordia Journal* 33 (2007), 9-25.

Lindblom, Johannes. "Lot-Casting in the Old Testament." *VT* 12 (1962), 164-178.

Loretz, Oswald. "Die Entstehung des Amos-Buches im Licht der Prophetien aus Mari, Assur, Ishchali und der Ugarit-Texte: Paradigmenwechsel in der Prophetenbuchforschung," *UF* 24 (1992), 179-215.

McClellan, Daniel O. "'You Will Be Like the Gods': The Conceptualization of Deity in the Hebrew Bible in Cognitive Perspective." Unpublished M.A. Thesis. Trinity Western University, 2013.

Merrill, E. "The Sign of Jonah." *JETS* 23 (1980), 23-30.

Miller, P. "El, Creator of the Earth." *BASOR* 239 (1980) 43-46.

Muilenburg, James. "Form Criticism and Beyond." *JBL* 88 (1969), 1-18.

Na'aman, N. "The Contribution of Royal Inscriptions for a Reevaluation of the Book of Kings as a Historical Source." *JSOT* 82 (1999), 3-17.

Niemann, Hermann Michael. "A New Look at the Samaria Ostraca: The King-Clan Relationship." *Tel Aviv* 35 (2008), 249-266.

Nissinen, M. "Prophecy as Construct." P. Gordon and Hans M. Barstad (eds.). *"Thus Speaks Ishtar of Arbela": Prophecy in Israel, Assyria, and Egypt in the Neo-Assyrian Period*. Winona Lake: Eisenbrauns, 2013, 11-35.

Oppenheim, A. L. "Divination and Celestial Observation in the Late Assyrian Empire." *Centaurus* 4 (1969) 97-135.

Perkins, Larry James. "The Septuagint of Jonah: Aspects of Literary Analysis Applied to Biblical Translation." *BIOSCS* 20 (1987). 43-53.

Redditt, "Paul L. Carnaim (Place)." *ABD* 1, 876.

Rochberg, F. "'If P, then Q': Form and Reasoning in Babylonian Divination," A. Annus (ed.), *Divination and Interpretation of Signs in the Ancient World*. Chicago: The University of Chicago, 2010, 18-28.

Shade, A. "A Text Linguistic Approach to the Syntax and Style of the Phoenician Inscription of Azatiwada." *JSS* 50 (2005), 53-54.

Shemesh, Y. "And many beats (Jonah 4:11): The Function and Status of Animals in the Book of Jonah." *JHS* 10 (2010), 1-26.

Uehlinger, Christoph. "Leviathan und die Schiffe in Ps 104, 25-26," *Bib* 71 (1990), 499-526.

Weippert, M. "Assyrishe Prophetien der Zeit Asarhaddons und Assurbanipals," Frederick Mario Fales, Ed. *Assyrian Royal Inscriptions: New Horizons in Literary, Ideological, and Historical Analysis* (Rome: Instituto per L'Oriente, 1982), 71-115.

Wilson, John A. "Egypt." H. and H. A. Frankfort, John A. Wilson, Thorkild Jacobsen, and William A. Irwin, Ed. *The Intellectual Adventure of Ancient Man: An Essay on Speculative Thought in the Ancient Near East*. Chicago: The University of Chicago Press, 1977, 31-124.

Wiseman, D. J. "Jonah's Nineveh." *TynB* 30 (1979). 29-52.

5. 인터넷

Britannica, The Editors of Encyclopaedia. "Oannes." *Encyclopedia Britannica*, 12 Nov. 2019, https://www.britannica.com/topic/Oannes. 2023년 11월 19일 접속.

Fragments of Chaldean History, Berossus: From Alexander Polyhistor. https://

sacred-texts.com/cla/af/af02.htm 2023년 11월 19일 접속.

Glassner, Jean-Jacques. *Mesopotamian Chronicles*. WAW 19; Atlanta: SBL, 2004. http://oracc.museum.upenn.edu/saao/saas2/pager (2023년 7월 20일 접속)

Louise Lerner, "Eclipse Reflects Sun's Historic Power." http://www.uchicago.edu/features/eclipse_reflects_suns_historic_power/ 2023년 11월 24일 접속.

Psychology: IResearchNet. "Universalism." https://psychology.iresearchnet.com/counseling-psychology/multicultural-counseling/universalism/#:~:text=Universalism%20is%20defined%20as%20the,gender%2C%20and%20other%20social%20identities. 2023년 11월 15일 접속

Wikinson, Toby. "Dynasties 2 and 3." Wolfram Grajetzki and Willeke Wendrich, Eds. *UCLA Encyclopedia of Egyptology*. Los Angeles. http://digital2.library.ucla.edu/viewItem.do?ark=21198/zz002hkz8k

6. 기타

[그림 1] Christoph Uehlinger, "Leviathan und die Schiffe in Ps 104, 25-26," *Bib* 71 (1990), 516.

CLC 창세기 도서

❶ **창세기의 족장 이야기**
제임스 B. 조르단 지음 | 안정진 옮김
신국판 | 192면

❷ **구약에 나타난 하나님 마음**
장석환 지음 | 신국판 | 416면

❸ **창세기 연구**(CLC 구약주석 시리즈)
김의원 지음 | 신국판 양장 | 734면

❹ **미술관에서 읽는 창세기**
김정훈 지음 | 신국판 | 264면

❺ **창세기 연구 입문**
J. W. 로저슨, R. W. L. 모벌리 지음 | 민경진 옮김
신국판 | 264면

❻ **창세기 연대와 구속사**
(구속사 신학 시리즈 1)
이승현 지음 | 신국판 양장 | 288면

❼ **시내산 아래서 창세기를 읽다**
(개정 증보판)
이흥록 지음 | 신국판 | 456면

❽ **로마서로 본 창세기 복음**
나용화 지음 | 신국판 | 376면

❾ **토라 창세기로 배우는 복음 제자 소명**
배성환 지음 | 신국판 | 216면

❿ **창세기로 떠나는 삶의 여행 1**
정연철 지음 | 신국판 | 308면

⓫ **창세기로 떠나는 삶의 여행 2**
정연철 지음 | 신국판 | 332면

⓬ **창세기 읽기**
김승년 지음 | 신국판 | 356면

⓭ **창세기 강의**
손석태 지음 | 신국판 | 348면

⓮ **보배와 질그릇: 구속사적 관점으로 본 구약 인물 공부 '창세기'**
이성진 지음 | 국판변형 | 192면

⓯ **마지막 날의 환희: 창세기 해설**
최영산 지음 | 신국판 | 468면

⓰ **창세기 1-11장의 보화**
나승필 지음 | 신국판 | 288면

⓱ **그리스도 중심 창세기 강해 1**
임덕규 지음 | 신국판 양장 | 584면

⓲ **그리스도 중심 창세기 강해 2**
임덕규 지음 | 신국판 양장 | 584면

⓳ **그리스도 중심 창세기 강해 3**
임덕규 지음 | 신국판 양장 | 576면

⓴ **그리스도 중심 창세기 강해 4**
임덕규 지음 | 신국판 양장 | 636면

㉑ **일곱 날의 창조**
송재현 지음 | 국판변형 | 208면

㉒ **나를 찾아 주는 말씀**
장해진 지음 | 국판변형 | 308면